ESTABELECER LIMITES
RESPEITAR LIMITES

Dados Internacionais de Catalogação na Publicação (CIP)
(Câmara Brasileira do Livro, SP, Brasil)

Grün, Anselm
Estabelecer limites – Respeitar limites : segredos para relações interpessoais bem-sucedidas / Anselm Grün , Ramona Robben ; tradução de Lorena Richter. 6. ed. – Petrópolis, RJ : Vozes, 2014.

2ª reimpressão, 2020.

ISBN 978-85-326-3398-9

Título original: Grenzen setzen – Grenzen achten

1. Conduta de vida 2. Relações interpessoais – Aspectos religiosos – Cristianismo I. Robben, Ramona II. Título.

06-6524 CDD-248.4

Índices para catálogo sistemático:

1. Conduta de vida : Limites : Vida cristã 248.4

Anselm Grün
Ramona Robben

ESTABELECER LIMITES RESPEITAR LIMITES

Segredos para relações interpessoais bem-sucedidas

Tradução de Lorena Richter

Anselm Grün e Ramona Robben

Título do original em alemão: *Grenzen setzen – Grenzen achten*

Direitos de publicação em língua portuguesa:
2007, Editora Vozes Ltda.
Rua Frei Luís, 100
25689-900 Petrópolis, RJ
www.vozes.com.br
Brasil

Editoração: Fernanda Rezende Machado
Diagramação: AG.SR Desenv. Gráfico
Capa: Juliana Teresa Hannickel

ISBN 978-85-326-3398-9 (Brasil)
ISBN 3-451-28414-6 (Alemanha)

Editado conforme o novo acordo ortográfico.

Este livro foi composto e impresso pela Editora Vozes Ltda.

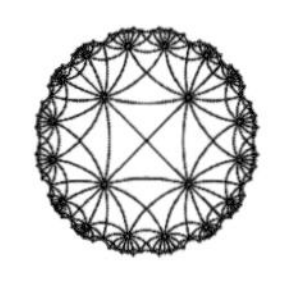

Sumário

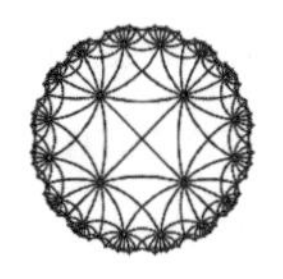

Introdução

O acompanhamento leva a depararmo-nos, frequentemente, com a temática do limite. Muitos dos que buscam aconselhamento sofrem com o fato de simplesmente não saberem impor limites. Não sabem dizer não e estão sob a pressão interna de realizar todos os desejos dos outros. Acreditam que precisam corresponder a todas as expectativas e receiam dizer não, pois temem abalo do seu sentimento de pertença ao grupo ou porque imaginam que isto geraria uma rejeição. Outros comem demasiadamente porque não percebem o próprio limite, sofrendo com a sua própria incapacidade.

Em outros casos percebemos uma incapacidade de delimitar o seu espaço diante daqueles que o rodeiam. Os limites se desfazem. Esse tipo de pessoa torna-se permeável ao que os outros sentem, sem que tal fato constitua um dado positivo. Na verdade os seus próprios sentimentos misturam-se constantemente com os dos outros. Fica exposto aos humores do ambiente que o circunda e deixa-se determinar por eles. Por vezes tem a impressão de se estar dissolvendo e vive, nesse sentido, absolutamente desprotegido. Quem examina a história de vida com estas características, logo perceberá que as causas do processo têm frequentemente origem em tempos remotos. Pessoas sem limites vivenciaram na maior parte das vezes algum desrespeito em relação a seus próprios limites durante a infância. Tais experiências ferem os envolvidos. Não apenas doem, mas têm consequências problemáticas e efeitos prolongados: Todos nós necessitamos de um espaço protegido. Mas quando uma mãe entra, por exemplo, no quarto da filha sem bater na porta, quando remexe as gavetas na sua ausência ou lê o seu diário, impõe uma violação desses limites de tal modo que a criança não raramente terá dificuldades de relacionamento ao longo de sua vida. Outros exemplos poderiam ser dados e todos revelariam que a nossa vida apenas terá êxito quando vivida dentro de determinados limites.

Como então a vida humana de uma pessoa, que afinal é sempre uma vida fundada em relacionamentos, poderia ter êxito? Sem a capacidade de delimitar o seu espaço, torna-se impossível perceber-se a si mesmo enquanto pessoa, ou mesmo se desenvolver nesse sentido. Um simples olhar para o significado da palavra já sugere tal coisa: originalmente "pessoa" significa "máscara". Através da máscara, ou seja, daquilo que penso de mim mesmo, posso estabelecer contato com o outro. A palavra latina *personare* significa "toar através de". Por intermédio da minha voz, do ato de falar, alcanço a outra pessoa, e, dessa forma, acontece o encontro, que para ter êxito exige bom equilíbrio entre limite e transgressão, proteção e abertura, demarcação do próprio espaço e entrega. Preciso conhecer o meu limite para poder transgredi-lo repetidamente no sentido de aproximar-me do outro, encontrá-lo, tocá-lo através do encontro, experimentar possivelmente um instante de tornar- me uno[1].

Visto dessa maneira, o encontro ocorre sempre no limite. Preciso ir até o meu limite, ao ponto máximo possível, para alcançar o outro. Quando o encontro tem êxito, os limites não são mais rígidos, não separam mais; tornam-se fluidos. Ocorre, assim, no limite e para além do limite o evento de tornar-se uno. Esse encontro não é estático, mas algo que sempre se realiza de forma viva e após o qual cada um retorna ao seu próprio contexto, enriquecido pela experiência no limite.

Para o escritor francês Romain Rolland, a relação adequada com os limites chega a ser a chave decisiva para a felicidade. Diz ele: "Felicidade significa conhecer os seus limites – e amá-los". Na sua visão não importa, portanto, apenas a arte de impor limites ou de conhecê-los, é preciso também amá-los. Seria o mesmo dizer que devemos concordar com as nossas limitações e ser gratos pelos limites que experimentamos em nós e nos outros. A chave da felicidade encontra-se na possibilidade de amar as próprias limitações e também amar as pessoas com os seus limites. Tal tarefa nem sempre é

---

1. Uno no sentido de totalidade, tornar-se um só [N.T.].

simples, já que desenvolvemos imagens de ausência de limites a respeito de nós mesmos. Para Romain Rolland quem se reconcilia com os próprios limites e lida de forma amorosa com os mesmos terá sucesso na vida e experimentará felicidade.

Hoje em dia são muitos os que sofrem por se sentirem sobrecarregados. Muitas razões podem ser encontradas para esse tipo de sofrimento, dentre as quais uma em especial é repetidamente notada: pessoas sobrecarregadas e exauridas não consideraram o seu limite. Vivem acima de suas condições e em algum momento percebem que perderam a sua medida interna, sem a qual, no entanto, a vida não tem êxito.

Existem, porém, aqueles a quem se aplica algo diferente: de tanto se imporem limites acabam por não descobrir a sua força e jamais crescem para além destes limites, permanecendo presos em sua estreiteza. Dizemos que tais pessoas são muito limitadas, que não enxergam para além de seu próprio horizonte, que não suportam quase nenhum peso. Enfim, são incapazes de alargar os próprios limites, ou os de seu grupo, no sentido de permitir o surgimento de vida nova.

Quem fala sobre limites também é repetidamente confrontado com questões atuais. Ultimamente discute-se cada vez mais o tema do abuso sexual, que durante muito tempo representava um tabu. Também nesse caso trata-se de uma não consideração de limites, tendo em vista que o nosso próprio corpo também é um limite e a distância corporal, tanto quanto a proximidade, pertence à nossa vida em comunidade. Proximidade nesse sentido é uma expressão de confiança. Pode-se, porém, fazer mau uso da confiança de alguém, feri-la. Nossa língua faz uso da expressão alguém "chegou perto demais" quando limites são transgredidos. O abuso é uma tentação principalmente para pessoas que se encontram em uma posição mais elevada: o pai, o tio, o irmão mais velho; para diretores espirituais, terapeutas, médicos e professores. Estes, então, não percebem nem os seus próprios limites nem os daqueles que confiam neles, e abusam da proximidade e da confiança.

Durante o acompanhamento também podemos passar pela experiência oposta, encontrando quem não queira perceber os nossos limites. Incapazes de aceitar um não, tais pessoas tentam impor a qualquer preço as suas próprias expectativas e se negam a entender que nós também possuímos limites que não estamos dispostos a alargar constantemente.

Questões ligadas à forma como moldamos a nossa vida pessoal também se encontram inseridas em um contexto político e social mais amplo. Parece que em um mundo cada vez mais globalizado, que conhece cada vez menos limites, também temos dificuldades de assumir nossas limitações. Por um lado, experimentamos o quanto é libertador poder, por exemplo, viajar dentro da União Europeia, de um país para outro, sem nos submeter ao antigamente tão demorado e desagradável controle nas fronteiras. No entanto, por outro lado, também vivenciamos o perigo da anulação destas fronteiras, que não só torna a identidade confusa, mas também proporciona mais oportunidades para criminosos. Não ocorre, desta forma, apenas um ganho de liberdade, já que medo e insegurança também crescem.

Em uma época de crescente aceleração e constante exigência de desenvolvimento, modifica-se também o modo como sentimos a vida. Tudo ao mesmo tempo, imediatamente e a qualquer hora. É esta a secreta lei fundamental de uma sociedade *nonstop*, lei seguida por muitos hoje em dia. Os seres humanos perseguem incessantemente a felicidade ou aquilo que julgam ser felicidade. A nossa era sofre da falta de medida e limite, o que transparece não apenas na vida pessoal, mas também cada vez mais no contexto profissional, em que a pressão crescente do dinheiro conduz a uma carga de trabalho que excede frequentemente o limite do suportável. Muitos julgam que precisam se sobrecarregar mais e mais para se afirmarem, ou passam pela dolorosa experiência de um superior lhes exigir cada vez mais.

Também não existem mais limites de tempo, podendo tudo ser resolvido simultaneamente. Quando viajamos, telefonamos para informar onde nos encontramos naquele exato momento. Não nos envolvemos com o desconhecido. Viajamos para um outro país e mesmo assim queremos manter contato com o nosso lar. Desta forma as fronteiras perdem a sua forma, não sendo só ultrapassadas, mas, ao invés disso, dissolvidas. Essa falta de limite, independentemente do contexto de onde surge, não é benéfica para o ser humano, podendo frequentemente até fazê-lo adoecer. Alguns terapeutas acreditam que o crescente aumento da doença da depressão seja um grito de socorro diante da falta de limite: ao obrigar o ser humano a se recolher, a depressão o protegeria do perigo de se dissolver.

A falta de limites também se revela no consumo. Exigimos cada vez mais, tudo precisa estar imediatamente disponível, a qualquer hora, assim que sentimos o mínimo desejo. Mas caímos assim em uma armadilha, afinal torna-se difícil experimentar o próprio limite quando se pode comprar tudo. Desta maneira, cada vez mais pessoas se endividam, pois não conseguem se impor limites quando consomem, até que em algum momento as dívidas lhes pesam tanto que delimitam novamente e de forma tanto mais dolorosa suas vidas.

As experiências mencionadas durante o acompanhamento e as nossas observações acerca da atualidade nos encorajaram a nos aprofundarmos na questão do limite. Procuramos na Bíblia por experiências de limite e consideramos intencionalmente a temática durante conversas de direção espiritual. Ficamos admirados com a frequência com que nos deparamos ultimamente com o problema, bastando nos tornarmos sensíveis a ele, para que então apareça repetidamente. Obviamente não desejamos elaborar um sistemático relato psicológico ou sociológico sobre como lidar com limites. Pretendemos apenas atentar para alguns aspectos que se tornaram importantes durante o nosso trabalho e que não só revelam algo sobre a nossa situação atual, mas que, aparentemente, também fazem parte da existência humana. Imagens bíblicas e alguns contos de fada, que contemplam em torno desse tema, auxiliam-nos no sentido de compreendermos melhor as próprias experiências. Sendo assim, e com a intenção de sublinhar tal fato, já insinuamos nos títulos de alguns capítulos uma palavra ou uma história da Bíblia. Por vezes adotamos uma passagem da tradução latina da Vulgata, já que nesta se fala frequentemente em limite enquanto que a tradução padrão da Bíblia se serve de outras palavras e imagens. Procuramos compreender as palavras da Bíblia e outros textos da tradição laica como imagens nas quais reluz o segredo do limite e da demarcação de espaço.

Elaboramos este livro conjuntamente, através de muitas conversas e várias revisões. O uso da palavra "nós" expressa essa experiência conjunta. Já expressões como "eu" e "minha irmã" se referem ao autor do texto, Anselm Grün. As experiências relatadas referem-se principalmente ao acompanhamento de pessoas. Ramona Robben acompanha na abadia de Münsterschwarzsach hóspedes isolados que se recolhem durante alguns dias no convento. Padre Anselm acompanha sacerdotes e pessoas pertencentes à determinada ordem na casa de recolhimento. No texto não demos indicações da origem dos exemplos relatados, procurando, além disso, apresentá-los de forma mais geral, modificando-os às vezes para que as pessoas em questão não fossem reconhecidas, com o intuito de preservar os seus limites de privacidade. Por isso narramos menos exemplos concretos, e permitimos, ao contrário, que as nossas próprias experiências no decorrer de um longo tempo de acompanhamento, entrassem nos relatos.

1

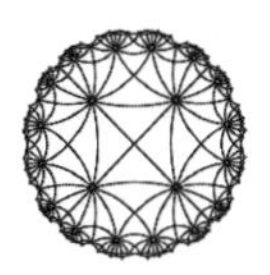

Limites evitam brigas

Sobre o equilíbrio entre proximidade e distância

Conflitos de interesse

A delimitação é um antigo tema da humanidade, que ocupa também na Bíblia um lugar central. A história de Israel, que se inicia com Abraão, retrata a história da humanidade. Abraão segue o mandato de Deus e deixa a sua terra, seu lar, para partir para a terra que Ele desejava mostrar-lhe. Tendo os limites de sua pátria se tornado demasiadamente estreitos, Deus lhe ordena que rompa com o espaço limitado, no qual havia vivido até então. Abraão obedece e leva consigo a esposa e o sobrinho Ló, além de todos os bens que haviam adquirido. No entanto, o país no Negeb, que Abraão e Ló percorriam com o gado, não é suficiente para os dois. Por conta das constantes brigas entre os pastores de Abraão e Ló, Abraão finalmente lhe diz: "Ora, não haja contenda entre mim e ti, e entre os meus pastores e os teus pastores, porque somos irmãos. Porventura não está toda a terra diante de ti? Rogo-te que te apartes de mim. Se tu escolheres a esquerda, irei para a direita; e se a direita escolheres, irei eu para a esquerda" (Gn 13,8-9). Ló parte para leste e Abraão para oeste, para se fixar em Canaã. Após ter deixado para trás os limites estabelecidos até então, Abraão precisa criar novos limites, para que ele e seu sobrinho Ló possam viver em paz.

Trata-se de uma situação que todos nós conhecemos. Abraão e Ló, mesmo sendo parentes, vivem conflitos de interesse e se envolvem em brigas por não existir uma área de pasto suficientemente grande para o rebanho dos dois. Essa história acontece ainda hoje. Por exemplo, dois irmãos conduzem juntos um negócio, que é, no entanto, pequeno demais para os dois. Para evitar confrontos, separam-se e chegam a um acordo de como distribuir o que até então compartilhavam. Quando vivem e trabalham dentro de uma distância clara e adequada, conseguem estar em paz um com o outro. Quando estão próximos demais, há somente brigas.

Semelhante situação pode ocorrer em qualquer família e o que foi dito não se aplica apenas ao relacionamento entre irmãos, mas também ao vínculo com os pais. No desenrolar de nossa vida necessitamos primeiramente estar próximos dos pais e da família, mas em algum momento esse espaço passa a ser pequeno. É melhor então separar-se por bem. Na jornada que conduz para a vida é preciso conquistar o meu próprio espaço e partir para o país que Deus estabeleceu para mim. A relação entre proximidade e distância então terá que ser determinada novamente para que convivamos bem a longo prazo.

Espaços para o desenvolvimento

Histórias desse tipo ocorrem também no âmbito da minha própria ordem religiosa. Encontravam-se entre os missionários que partiram desde 1888 de St. Ottilien para a África do Leste homens verdadeiramente obstinados, marcados por um grande espírito aventureiro, sedentos de grandes feitos. Existiam, porém, problemas entre eles, e, quando tinham que realizar algum ato em conjunto, alguma desavença, invariavelmente, logo ocorria. Assim, um partiu para o leste e o outro para o norte e, desta forma, expandiram a missão e obtiveram grande sucesso em suas respectivas áreas de atuação. Também ocorreu com eles, portanto, o que sucedeu na história de Abraão e Ló: por dividirem os territórios cada um pôde colocar em prática as suas próprias ideias, o que fez surgir uma competição positiva. Caso tivessem permanecido na mesma área, teriam se combatido e bloqueado a missão. A forte ânsia de independência e a divisão dos territórios se tornaram uma bênção para todos.

O importante é o equilíbrio entre proximidade e distância. É interessante a razão que Abraão alega para a separação entre ele e seu sobrinho Ló: "Somos irmãos", ou seja, exatamente por terem uma relação tão próxima, precisam delimitar-se em relação ao outro e separar-se para que cada um possa viver bem dentro de seus limites. Proximidade demais cria desavenças até entre irmãos. Por mais que se relacionem bem, conflitos surgirão caso vivam mais próximos do que deveriam um do outro. Argumenta-se na história bíblica que o país não era grande o suficiente para os dois rebanhos, essa imagem indica que cada ser humano necessita de seu espaço para se desenvolver e de liberdade para vivenciar o que lhe parece importante. Se tais atitudes atrapalharem constantemente o outro, ocorrerão conflitos, mesmo que a relação entre os dois seja a princípio muito boa. Nesta questão, não há diferença entre famílias e outras comunidades onde as pessoas estão por demais próximas. A consequência, independentemente de se tratar do contexto particular ou profissional, será o fato de todos se controlarem mutuamente e podarem as possibilidades de desenvolvimento de cada um. Portanto, para que os membros de uma comunidade possam conviver bem, uma delimitação clara é necessária. Os espaços de atuação no trabalho devem estar nitidamente separados, para que cada um possa desenvolver suas habilidades dentro de seu campo. Ao mesmo tempo, uma boa convivência se faz necessária, a disponibilidade de se estabelecer, por exemplo, através de acordos em relação a prazos e horários, limites para si mesmo, garantindo, com isso, a preservação dos próprios limites e os dos outros no âmbito do trabalho.

A relação equilibrada entre proximidade e distância na convivência se estende a questões espaciais bem práticas, como a possibilidade de recolhimento para as próprias quatro paredes. Uma casa barulhenta demais, com quartos insuficientemente isolados em que se pode ouvir constantemente a tosse do vizinho, é um exemplo de proximidade nociva, que provocará rapidamente agressividade. Apenas quando é possível se recolher, o estar junto é prazeroso. Necessita-se sempre das duas coisas: proximidade e distância, atrito e recolhimento, compromisso e liberdade, solidão e comunidade.

Além do paraíso

Em conversas com pessoas que sofrem com o problema de como estabelecer limites adequadamente, ouve-se às vezes: "Mas nós nos entendemos tão bem". Quando alguém se apoia demasiadamente na questão do entendimento mútuo, irá desconsiderar frequentemente os limites que precisa para garantir um bom relacionamento com o outro. Sempre surgem problemas quando se convive. Nos casamentos, por exemplo, cada um, homem e mulher, necessita de um espaço próprio, onde pode estar consigo mesmo. Mulheres relatam frequentemente o momento problemático da aposentadoria do marido. Antes, quando a convivência era reduzida às manhãs, noites e aos fins de semana, tinham uma boa relação. Existia harmonia dentro desses limites. Mas quando o marido passa a estar sempre perto da mulher, ela acaba se tornando agressiva, indicando que precisa de mais distância. A mulher logo percebe que também não é benéfico para o marido permanecer em casa o tempo todo. Mesmo na aposentadoria ele necessita de um espaço próprio onde possa engajar-se em novas atividades e aproveitar o tempo com seus *hobbies*. O coordenador de uma escola relatou como o primeiro tempo após se aposentar foi penoso para ele e sua mulher. Primeiramente teve que aprender a lidar com o fato de não ser mais o centro das atenções e de não ser mais requisitado dentro de um determinado contexto. A dificuldade em admitir que esta renúncia estava sendo difícil fez com que projetasse os seus problemas em sua mulher, passando a criticá-la em tudo. Por fim os dois perceberam que não podiam permanecer dessa forma e conseguiram, então, chegar a um acordo que possibilitou viverem em uma estrutura de rotina saudável, em que cada um obtivesse liberdade suficiente. E vejam vocês: de repente passaram a se entender novamente.

O terapeuta de casal Hans Jellouschek considera como a razão de muitos problemas no casamento a proximidade excessiva dos parceiros, que acreditam precisar sempre fundir-se no amor. No entanto, parceiros que desejam viver desta forma jamais encontram a sua própria essência e, como consequência, em algum momento passam a sofrer com a proximidade excessiva. Não conseguem mais desfrutar de sua sexualidade, desenvolvem sintomas psicossomáticos e brigam o tempo inteiro entre si. Um casamento tem êxito apenas quando se torna uma convivência equilibrada entre proximidade e distância. Muitos casais que se queixam sobre conflitos constantes na relação não compreendem quando o terapeuta lhes diz: "Vocês estão próximos demais!" Muitas vezes acreditam que, pelo contrário, as brigas são antes expressão de uma distância excessiva. Porém, para Jellouschek, está mais que evidente "que a briga é exatamente uma forma de um se agarrar ao outro". Por isso aconselha aos casais que criem liberdade suficiente para si, como por exemplo, um quarto só seu na casa ou um dia "livre", que possam organizar da forma que desejem. Alguns receiam desse tipo de conselho, pois acreditam que seja um primeiro passo para a separação. Só se pode conviver em paz a longo prazo quando se garantem os próprios limites. Não é possível estar fundido para sempre. Em termos bíblicos: o anjo impede de vez o nosso acesso ao paraíso. Em nossa vida não existe um retorno ao paraíso da contínua fusão com o outro. Vivemos oscilando entre proximidade e distância, entre unidade e separação. O paraíso da unidade final espera-nos somente quando nos tornamos, na morte, um com Deus, conosco mesmos e com o outro.

Delimitação externa e interna

Casais jovens, que ainda vivem na casa dos pais, por vezes sofrem com esta proximidade excessiva. A mulher muitas vezes tem a impressão de que, sempre que surge um conflito entre ela e o marido, ele vai buscar o consolo da mãe. Frequentemente os espaços não são suficientemente separados, o que não raro é o estopim de dificuldades, como quando a sogra, por exemplo, aparece sem avisar no apartamento, como se fosse seu. É confortável poder contar com a ajuda da sogra para cuidar das crianças e permitir que os jovens pais possam gozar de um pouco mais de liberdade. Mas, quando esta critica o tempo todo a forma de educar, estabelece-se aí um conflito constante. Ideias diferentes em relação ao que é bom para as crianças pertencem a esse campo problemático. Quando a avó dá doces às crianças, por exemplo, a nora se aborrece, sem perceber no entanto que ela mesma não estabelece limites nítidos para esta avó, nem consegue deixar totalmente claro que, como mãe, deseja assumir a responsabilidade sobre a educação. Nesses casos o clima se torna cada vez mais envenenado, deixando claro o quanto são necessárias não apenas divisões externas mas também uma nítida delimitação interna, sem as quais a família não conseguirá se desenvolver. Ou seja, o que essa nora precisa, assim como Abraão e Ló, é sua própria terra, para que a jovem família possa se unir gradativamente e resolver os seus conflitos por conta própria.

A delimitação interna é por vezes mais difícil do que a externa. Um jovem casal, por exemplo, sempre retorna ao que os pais ou os sogros disseram sobre eles e seus filhos. E quando visitam os pais, sentem-se imediatamente controlados, observados e impelidos a determinadas formas de comportamento. É importante criar limites internos dentro de uma constelação desse tipo. A mãe e o pai podem pensar o que pensam, podem expor os seus desejos e naturalmente também podem ter opiniões. Não preciso me irritar com isso, devo deixar essa questão com eles. Quando traço um limite entre mim e os meus pais, posso me entender com eles, sem me sentir constantemente podado em minha liberdade. Decido quando quero ou não realizar os seus desejos e não me sinto pressionado a convencê-los da veracidade de minha opinião. Demarquei o meu limite e respeito a limitação de seu modo de observar e interpretar o mundo.

Quando se passa muito tempo junto e se deseja fazer tudo na companhia do outro surge frequentemente um clima agressivo, como no caso dos pastores de Abraão e Ló. Quando o ideal cristão de comunidade é colocado em primeiro lugar – como, por exemplo, em uma comunidade monástica –, desconsidera-se não raramente que a agressividade é humana e normal e que é exatamente a proximidade problemática que faz surgir a necessidade de se criar mais liberdade. E ao invés de possibilitar uma distância saudável apela-se para o amor ao próximo: é preciso entender-se com o outro e considerá-lo. Mas os apelos morais não trazem frutos quando as condições externas a partir das quais uma boa convivência é possível não são levadas a sério. Pelo contrário, as constantes advertências de compreender e amar ao outro geram nova agressividade ou retraimento psíquico. Nesse caso uma análise sóbria sobre a razão da dificuldade de conviver seria bem mais frutífera. Uma análise dessas certamente revelaria que a relação entre proximidade e distância não está equilibrada.

2

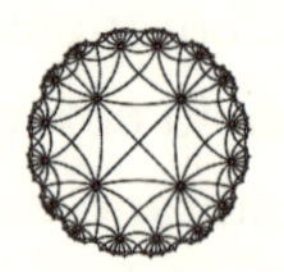

Violação de limites

Sobre abusos e apropriação

Respeitar o diferente

Para a atualidade, a velha história de Ló e Abraão também é instrutiva em sua continuação e em um outro aspecto: Ló estabeleceu-se em Sodoma, onde, assim como na cidade de Gomorra, impera um espírito maléfico. Com a intenção de verificar a verdade sobre os habitantes da cidade, dois anjos do Senhor visitam Ló, que os acolhe gentilmente em sua casa. "Mas antes que se deitassem, cercaram a casa os homens da cidade, isto é, os homens de Sodoma, tanto os moços como os velhos, sim, todo o povo de todos os lados; e, chamando a Ló, perguntaram-lhe: Onde estão os homens que entraram esta noite em tua casa? Traze-os cá fora a nós, para que tenhamos relações com eles" (Gn 19,4-5).

Ló procura então impedir que os homens cometam o crime, mas eles passam por cima dele e começam a arrombar a porta, quando então os dois anjos cegam os homens de modo que não achem a entrada.

Nesta passagem, os homens de Sodoma, ao procurarem ter contato sexual com os desconhecidos, desrespeitam os limites estabelecidos para todo estrangeiro, e, desta forma, ferem o direito de hospitalidade, que na Antiguidade era igualmente sagrado para judeus e gregos. O estrangeiro era de fato intocável. A partir do desconhecido, algo numinoso, divino aproximava-se. Em nossa história são anjos que visitam Ló na forma de dois homens e que os habitantes de Sodoma desejam usar a seu favor, para satisfazer com eles seus desejos, sem em nenhum momento se sensibilizarem diante destes desconhecidos, intocáveis. Trata-se aqui de uma extrema violação de limites, que, entreanto, na maioria das vezes ocorre de forma mais sutil. Simplesmente se toma posse dos desconhecidos, que passam a ser aceitos apenas quando se portam como nós. Mas o desconhecido, o inexplicável, o numinoso, que está fora de nosso alcance, não é tratado com respeito. No Terceiro Reich a "camaradagem" era uma artimanha para apoderar-se de seres humanos e roubar-lhes a individualidade.

Hoje em dia lemos constantemente na mídia sobre pessoas que violam limites de outros de maneira similar. Em alguns, a vontade os faz insensíveis à dignidade infantil, o que os torna capazes de explorar crianças sexualmente. Da mesma maneira, um homem que violenta um mulher dá provas de que perdeu a sensibilidade em relação ao limite alheio. Porém, além dos casos extremos de estupro e abuso sexual, existem outras formas mais sutis de se violarem limites. A aproximação física excessiva durante uma conversa é um exemplo. Se cada um intui o seu próprio limite, aquele que o viola baseia-se apenas em si e em sua necessidade, sendo incapaz de sentir empatia com relação às necessidades do outro. Quando advertidos, é comum ouvir de homens que invariavelmente tocam em todas as mulheres o argumento de que simplesmente não querem ser puritanos como é costumeiro na sociedade e que desejam apenas ser amáveis e próximos de maneira desapegada, mas por trás desses argumentos ocultam-se intenções egoístas e necessidades não admitidas a si mesmos.

Durante os diálogos de uma terapia ou direção espiritual percebemos muitas vezes, conforme já mencionado, como essas pessoas ultrapassam nessa situação especial os seus limites. Após terem falado de si, trocam de repente de papel e se colocam no lugar do terapeuta. Constatam, então, repletos de compaixão, que o terapeuta parece não estar bem no dia e perguntam a respeito de suas preocupações. A distância terapêutica é necessária para que se possa ajudar o paciente, mas alguns deles se recusam a aceitá-la.

Sob o pretexto de ajudar

Naturalmente existe também o perigo de violação de limites por parte do terapeuta ou diretor espiritual, que ocorre quando eles se identificam com uma imagem arquetípica. Tal identificação é denominada por C.G. Jung como *inflação*. Quando nos inflamos nos tornamos cegos para os limites dos outros. Quando por exemplo uma mulher se queixa durante um aconselhamento de que não tem ninguém que a abrace, seria fatal se o diretor espiritual se identificasse com o arquétipo do auxiliador. Ao abraçar a mulher sob o pretexto do auxiliador não perceberia estar agindo segundo sua própria necessidade de carinho e proximidade. Isso, no entanto, não significa que não se deve estar próximo quando preciso, mas é necessário haver sensibilidade para notar o que de fato faz bem ao outro. Quem se identifica com a imagem do auxiliador perde a sensibilidade em relação ao outro e sua imagem interna o impele a cobri-lo com seu afeto, sem que tenha consciência de suas próprias necessidades. Acredita abraçar porque o outro disto necessita, mas na verdade, se trata de uma carência própria não admitida. Todo terapeuta ou diretor espiritual tem necessidade de proximidade, mas a arte e a disciplina do acompanhamento consistem em tomar consciência dessas necessidades e ao mesmo tempo distanciar-se delas.

O arquétipo do curador é igualmente perigoso no acompanhamento. Na verdade o acompanhamento deve viabilizar a cura e muitas vezes sucede uma cura verdadeira. Mas, quando o acompanhante se identifica com o arquétipo do curador, ele se excede, nega os próprios limites, atrai pessoas doentes e atribui isso ao fato de ele irradiar cura. Uma mulher relatou que um padre lhe havia dito que poderia curar-lhe a ferida do abuso sexual. Ela deveria para isso comparecer à confissão a cada quatro semanas. Configurou-se então a seguinte situação: durante a confissão ele a abraçava intensamente ao longo de uma hora. Confusa, ela achava que o padre tinha boas intenções. Afinal era um padre conhecido e popular e talvez fosse ela própria que estivesse com a afetividade um pouco travada. No entanto, ao relatar o acontecimento vinte anos depois, sentiu novamente o cheiro repugnante do seu suor e só então percebeu que o padre vivenciara o seu próprio desejo de proximidade com ela.

Repetidamente nos deparamos com diretores espirituais que atraem principalmente pessoas depressivas. Quando ouvem, por exemplo, que uma mulher esteve por muito tempo em acompanhamento terapêutico sem ter sido ajudada, instala-se neles o arquétipo do curador. Desenvolvem então uma ambição de curar essa mulher depressiva. No início do processo a mulher de fato consegue esboçar uma recuperação, pois o curador se volta para ela de maneira muito mais aberta. Mas em algum momento ele atinge o seu próprio limite, podendo muitas vezes rejeitar a mulher depressiva de modo bastante áspero. A ferida que resulta dessa rejeição é então mais profunda que o efeito curativo dos primeiros encontros. Assim sendo, um diretor espiritual deve ter clareza da sua capacidade de ajudar uma pessoa. Naturalmente, esses limites são sempre flexíveis, mas será necessária certa sensibilidade para perceber esse limite em si mesmo, exigência fundamental para cuidar também dos limites dos outros. Talvez seja possível mostrar ao outro um tipo de proximidade e compreensão capazes de curá-lo. Mas é sempre uma dádiva quando a cura ocorre. Não podemos *fazê-la*. O terapeuta e o diretor espiritual não são salvadores daqueles que acompanham.

Experiências de abuso

Por vezes também encontramos no acompanhamento mulheres que sofreram abusos sexuais por parte do terapeuta. Essas mulheres desejavam tratar o abuso que sofreram na infância quando fizeram terapia. Encontraram um terapeuta, que a princípio se manifestava muito compreensivo e próximo. Sentiram-se compreendidas. Não perceberam porém, de início, o quanto o terapeuta estava ultrapassando o limite. Uma terapeuta que trabalha com mulheres que sofreram abuso sexual relatou que muitos dos terapeutas, que costumam transgredir limites, pertencem ao meio esotérico. Eles falam em consciência cósmica e desejam que o paciente dela participe. Querem transmitir-lhe a experiência de unidade. Por trás dessas ideias, porém, frequentemente ocultam-se a imaturidade e carência dos terapeutas. Eles fazem uso da fragilidade de seus clientes em função de suas próprias necessidades. Elevam a sua imaturidade sob o disfarce de uma teoria filosófica sobre unidade cósmica. Esse tipo de elevação filosófica nos torna cegos para a verdade e é perigosa para os envolvidos.

Terapeutas que falam sobre tornar-se um com os seus clientes não possuem sentimentos de culpa quando violam limites. Acreditam estar prestando um favor a sua cliente quando permitem a participação desta da experiência cósmica de unidade. Não raro, através dessa ideia de unidade, perde-se a sensibilidade em relação à personalidade única de cada um. Por fim a adoração dessa unidade não é nada além de uma regressão a um suposto estado paradisíaco, onde tudo se encontra unido. À medida que a compreensão em relação à personalidade do outro diminui, a sensibilidade para a culpa também desaparece. Apenas quem se sensibiliza para a existência de limites, cuja violação é sempre culposa, somente este sente culpa. A dissolução da culpa jamais ocorre impunemente. Muitas vezes, os sentimentos de culpa encontram-se presente em outras regiões da alma e a cliente não sabe mais quem realmente ela é. Perde o sentimento de si mesma e não raro entra em profundo desespero. Não sente mais o chão debaixo dos pés. Não é fácil para mulheres, que foram violadas sexualmente, desenvolverem uma sensibilidade natural para seus limites. Oscilam entre a tendência de se fechar diante dos outros, com o intuito de não se machucar mais ainda, e a necessidade de se abrir. Oferecem assim um tipo de abertura que o acompanhante compreende como um convite ao abuso. Nesse sentido é fundamental o terapeuta ou diretor espiritual desenvolver uma sensibilidade nítida em relação aos seus limites e aos da cliente. Ao demarcarem o seu espaço, demonstrando simultaneamente proximidade, eles possibilitam que a própria cliente estabeleça uma relação saudável com proximidade e distância.

Uma mulher, que foi violentada quando jovem, tornou-se muito sensível diante de pessoas que ultrapassam os seus limites. Passeando com seu filho no parque, de repente surge um homem idoso que chama as crianças com o pretexto de presenteá-las com chocolates e o desejo de afagá-las. A mulher percebe esse homem como "gosmento". Não se trata da afetividade de um homem idoso, suave. Ela nota algo como uma transgressão. Não se trata de uma forma madura de afetividade despretensiosa. Ao contrário, parece que o homem idoso vivencia suas próprias necessidades através das crianças, o que é sempre perigoso. No trato com alunos e coroinhas, professores ou padres correm o perigo de satisfazerem as suas próprias necessidades sob a fachada de afetividade e dedicação. Por vezes, essa ausência de limites é perfeitamente agradável para as crianças. Podem fazer o que querem com os professores ou padres. Mas em algum momento intuem que há algo de errado nisso. Também o homem sem limites convida as crianças a esquecerem os seus próprios limites. Desse modo podem ocorrer profundos ferimentos e transgressões.

O outro: um anjo

A história, que foi contada no início, fala de anjos que visitam Ló. Trata-se de uma imagem marcante, que procura poupar-nos da violação de limites revelando o seguinte: o outro é sempre um anjo. Através dele vem ao meu encontro algo fora do meu alcance, algo afetuoso, sagrado, que devo estimar como um anjo, um mensageiro de Deus. Reluz no outro algo divino. Ao considerar tal fato posso alegrar-me, caso contrário, torno-me cego em relação às minhas próprias necessidades. Os anjos cegam os moradores de Sodoma no relato bíblico. Outra imagem apropriada seria quando Deus faz chover fogo e enxofre em cima das cidades de Sodoma e Gomorra. Quem abusa sexualmente de uma criança não fere apenas a criança profundamente, mas também condena a si mesmo. Em termos bíblicos isso significa: torna-se cego, causando assim, em última instância, a própria ruína.

3

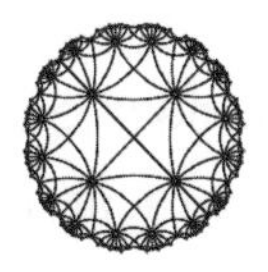

O limite é sagrado

Sobre o espaço respeitado e protegido

Sob a proteção da divindade

Os limites sempre foram sagrados para a humanidade. O limite separa, protege e distribui o espaço da terra entre os seres humanos. Somente uma distribuição justa possibilita a convivência pacífica entre os povos. Percebemos isso na história e na forma que os israelitas pensam sobre si. Segundo eles, foi Deus mesmo que colocou os limites para o povo de Israel. O livro dos Provérbios nos alerta em várias ocasiões que não devemos deslocar os marcos de divisa (Pr 22,28; 23,10). Deus ordena aos israelitas no livro do Deuteronômio: "Não removerás os marcos do teu próximo" (Dt 19,14). O povo de Israel não era o único a compreender o limite dessa forma, e sim, absorveu a concepção geral da Antiguidade.

Os limites encontram-se sob a proteção especial da divindade em todas as culturas, fato este que não se refere apenas à fronteira entre os países, mas também à demarcação das terras e aos limites que precisam ser respeitados na construção de casas. Os próprios gregos já conheciam regras nítidas em relação às distâncias mínimas que precisavam ser consideradas na construção de uma casa, na plantação de azambujos, na escavação de um poço e até quando se desejava montar uma abelheira. Os romanos não ampliaram apenas o regulamento legal para os limites. Eles atribuíam um caráter sagrado aos limites e celebravam todo ano a festa da Terminália. As pedras que marcavam a divisa se chamavam Termini e eram veneradas como seres divinos. A expressão "termo" é derivada dessa palavra romana. Estabelecer um termo com uma outra pessoa equivale ao ato de colocar um marco que é respeitado e mantido pelos dois.

Os romanos tinham diversas designações para o limite. Limite significa *finis* o que por sua vez significa "final". O alcance de poder do rei e o direito de uso do vizinho terminam no limite, que também me lembra do fim de minhas próprias capacidades e possibilidades. Outra palavra latina para limite é *limes*. O *limes* é o resultado da demarcação através da medição (*limitatio*). Existem numerosos escritos antigos sobre a medição de terras e de terrenos de construção. O limite me mostra o que é meu. Revela a minha medida, o meu limite. A justiça romana se preocupava bastante com a consideração dos limites, desejava que cada um recebesse o que lhe era de direito. A lei protege o limite, e dessa forma o ser humano.

A proteção para a alma

O respeito em relação ao limite externo é importante também para a alma humana. O homem necessita da proteção dos limites para não se dissolver internamente e manter a sua identidade. Tal fato tornou-se evidente para nós a partir do relato de uma mulher. Ela havia comprado uma pequena casa e um homem rico adquiriu todo o terreno em volta. Ele a importunava à medida que feria constantemente os seus limites. Descarregava material de construção na entrada da casa dela e obstruía a entrada com seus veículos. Mesmo as advertências do município não o impediram de transgredir os limites. Para a mulher não se tratava apenas de uma violação externa, ela se sentia insegura e importunada por todos os lados. O vizinho não respeitava o seu limite externo nem o seu limite interno.

Um homem relatou o quanto ficou abalado quando arrombaram a sua casa. Ele não se tratava tanto do dano material, mas do sentimento de alguém ter ferido profundamente o seu limite. Ele não se sentia mais seguro em sua casa. Percebia a violação do limite, a invasão do ladrão como uma injúria que pairava nos recintos de sua casa. O arrombamento não transgrediu apenas o limite externo da casa, foi um ataque a sua pessoa.

O limite nos protege. Isso não se aplica apenas ao limite externo de nossos terrenos, mas também ao limite de nossa alma. Existem pessoas que não possuem sensibilidade em relação aos nossos limites. Num caso destes tentamos defender-nos de modo instintivo. Consideramos essas pessoas desagradáveis e as evitamos. Elas não respeitam o nosso limite de tempo. Quando marcamos uma conversa para um determinado horário, atrasam-se muito, não por estarem presos no trânsito, e sim, por não levarem a sério a questão de horários. Limitamos a duração da conversa, mas elas não param de falar, a conversa não chega ao fim. Outras nos telefonam em hora avançada e simplesmente não percebem que não queremos mais ser importunados. Existem pessoas que nos telefonam às duas da madrugada, convencidas de que iremos acolher os seus problemas naquele momento. Hoje em dia a sensibilidade para os limites naturais se perdeu para muitos. Desse modo ansiamos pelo caráter sagrado do limite, celebrado pelos romanos na festa da Terminália. O limite é um tabu, que não pode ser ultrapassado. O homem necessita do caráter sagrado de seu limite, pois somente assim encontrará a si mesmo e se tornará intacto e inteiro. Trata-se de uma condição importante para a felicidade e cura do ser humano. O limite pertence à cultura da convivência humana. Quem se expande constantemente às custas do vizinho o fere e despreza. Por outro lado acaba excluindo a si mesmo da comunidade humana, pois não queremos ter nada a ver com pessoas que não mantêm o caráter sagrado dos limites. Assim, cria-se um círculo vicioso. A pessoa fere o limite do outro, deseja forçar proximidade por se sentir solitária. Desse modo, porém, exclui a si mesmo, tornado-se incapaz para uma relação, um encontro verdadeiro. Acaba se isolando cada vez mais.

Alguns cursos oferecem um bom exercício para perceber o próprio limite e o do outro. Dois participantes se posicionam, afastados um do outro, no espaço. Enquanto um permanece parado, o outro caminha lentamente em sua direção. Aquele que está parado alerta o outro quando teme a transgressão de seu limite. Cada pessoa reage diferente nesse tipo de situação. O que para uns está começando a ser agradável, já é desagradável para outros. Intuímos o nosso limite pessoal, desenvolvemos até um sentimento corporal em relação a este. É necessário, porém, aprendermos a assumir o nosso limite e sinalizá-lo para os outros, pois estes não têm como adivinhá-lo. Precisamos dizer ou expressar a partir de nosso comportamento onde se situa o nosso limite. Cada um é responsável pelo seu próprio limite.

Um âmbito sagrado

Romanos e gregos atribuem um caráter sagrado ao limite, fato este que pode ser reconhecido pela raiz etimológica da palavra sagrado. Em latim dizemos *sanctus*. *Sanctus* provém de *sancire*, que significa "delimitar, segregar". Sagrado é aquilo que se encontra claramente delimitado. Os gregos falam do *temenos*, do "espaço sagrado" que foi delimitado em relação à paisagem. Conforme já pudemos perceber a partir do significado da palavra, o sagrado não é acessível a todos. Penetramos nesse espaço apenas sob determinadas condições. Normalmente só o sacerdote tem acesso ao sagrado. Apenas ele pode transgredir o limite para além do âmbito profano. O sagrado é o que está fora do alcance do mundo, sobre o qual este não possui poder. Os gregos peregrinavam até o santuário de Delfos e pernoitavam no templo, no território sagrado, pois acreditavam que o sono no templo lhes traria sonhos com poder curativo. Desta forma, considera-se benéfico o fato do ser humano mergulhar no âmbito sagrado, pois assim ele se afasta do mundo barulhento, repleto de parâmetros e expectativas. Segundo os gregos apenas o sagrado cura. Mas quando o sagrado não possui limites claros, ele periga ser dissolvido.

Posso entrar em um território sagrado, externo com o intuito de me proteger do alcance do mundo. Também em mim existe um espaço sagrado, inacessível às pessoas com seus parâmetros e exigências. É preciso proteger esse espaço interno. Por vezes os sonhos revelam que não nos protegemos suficientemente. Uma mulher afirmou sonhar frequentemente com a presença de pessoas estranhas em seu quarto. Durante a conversa tornou-se evidente o fato de ela cuidar a tal ponto dos outros, que nem mesmo o espaço privado de seu quarto de dormir estava seguro. Os outros tinham acesso a todas as partes de sua alma. Desta forma o sonho era um alerta para ela delimitar melhor a sua esfera mais interna, sagrada.

Encontramos a mensagem referente ao caráter sagrado do limite também em histórias antigas, lendas e contos de fada. A lenda de Santo Egídio conta que, quando o rei ia à caça, os animais procuravam abrigo junto dele. Com ele estavam seguros, pois encontravam-se cercados por um círculo sagrado no qual nenhum caçador podia penetrar. Tanto os caçadores como os cães de caça ficavam imobilizados, incapazes de ultrapassar esse limite. O rei, que intuía algo estranho, pediu ajuda ao bispo. Os dois avançaram até o território do homem sagrado e novamente os cães de caça tiveram que voltar. Um caçador, porém, atirou uma flecha para dentro do matagal, ferindo o homem sagrado. Este, porém, não necessitou de remédios terrenos, daqueles que o rei lhe ofereceu para o ferimento. Desejava, através do ferimento, lembrar-se da sua vida inteira dedicada a Deus. A flecha penetrou na área sagrada onde vivia Aegidius, mas não no santuário interno do eremita. Esse permaneceu ileso. O espaço emocional em nós é ferido através das agressões dos outros. Porém, o espaço mais interno, habitado pelo próprio Deus, encontra-se protegido contra qualquer ferimento.

A mensagem dos contos de fada

No conto *A menina sem mãos*, a piedosa filha do moleiro desenha com giz um círculo em volta de si. Lava-se antes, criando assim dentro de si um círculo puro, do qual toda escuridão e todo mal são banidos. O diabo, ao qual foi prometida pelo pai, não consegue ultrapassar esse círculo protetor.

Devemos considerar aquilo que o conto nos transmite através de suas imagens. O mal e as emoções negativas não conseguem penetrar o âmbito puro e luminoso do homem. Nesse contexto a imagem do poder curador da água é bastante marcante. Quando o diabo ordena ao moleiro levar embora toda e qualquer água, impedindo assim que a filha se lave e purifique, esta chora em suas mãos. As mãos purificadas impedem o diabo de se aproximar. A mensagem profunda do conto nos revela que, quando protegemos o nosso espaço interno, espaço este límpido e puro, o negativo não possui poder sobre nós. Muitas pessoas, porém, não sabem como delimitar o seu espaço diante dos maus fluidos a sua volta. Absorvem qualquer clima depressivo e agressivo de seu entorno. Não sabem defender-se das emoções que as assaltam. O conto aconselha a essas pessoas traçarem um círculo claro, nítido em torno de si, para determinarem o seu espaço mais interno de proteção e permanecerem livres do mal.

O conto *Jorinda e Joringel* também nos fala de um espaço de proteção dessa espécie. Trata-se, porém, do espaço de uma feiticeira. A velha mulher vive em um castelo. Quem se encontra a cem passos deste precisa parar e permanece imobilizado até que ela o liberte. Quando uma virgem pisa nesse círculo, a feiticeira a transforma em pássaro. Sucede assim também a Jorinda, noiva de

Joringel. Os dois se aproximam demasiadamente do castelo e Jorinda é transformada em rouxinol. Joringel, por sua vez, não consegue mais mover-se. A feiticeira o liberta através de uma fórmula mágica. Ele tem que partir sem a sua noiva e passa a pastorear as ovelhas de um camponês. Nesse meio tempo um sonho lhe indica que para libertar Jorinda e quebrar o feitiço da feiticeira, ele deve procurar uma flor cor de sangue em cujo centro se encontra uma pérola grande. Joringel encontra a flor, penetra no círculo mágico e liberta a sua noiva e todas as outras virgens transformadas em pássaros. Através dessa flor a feiticeira perde o poder. O conto parece dizer que existem limites que não podem ser transpostos sem se ferir. Joringel tem que procurar por uma flor cor de sangue com uma pérola, o que indica que ele precisa primeiramente passar pelo sofrimento. Apenas assim estará apto para o amor maduro no qual se torna um com sua noiva. Enquanto os dois estão apaixonados, eles negligenciam os seus limites. Diz o conto que, quando vivemos na ânsia de nos fundir com o outro, submetemo-nos ao poder da feiticeira. A feiticeira representa os aspectos reprimidos do feminino. A relação simbiótica ocorre quando não consideramos os nossos limites. Nesse tipo de relação o homem não possui mais um acesso real à mulher. Ele fica petrificado e a mulher parte enquanto rouxinol. A psicóloga analítica Verena Kast compreendeu esse conto de forma sutil. Ela acredita que Joringel elevou a sua noiva a um rouxinol. O canto do rouxinol é descrito como "repleto de lamento, triste, cheio de saudade e ao mesmo tempo sedutoramente provocante – mas o rouxinol permanece inatingível". Na simbiose a mulher torna-se sobre-humana e ao mesmo tempo "não humana, inacessível".

Joringel torna-se livre outra vez através de uma fórmula mágica. A feiticeira não parece se interessar muito por ele. Ele precisa desenvolver-se por conta própria e tornar-se apto para uma relação madura com a sua noiva. O primeiro passo é pastorear as ovelhas. "Pastorear significa manter algo unido, no fundo os heróis dos contos de fada pastoreiam a si mesmos, unem as suas forças vitais." Ele recebe ajuda de um sonho, que lhe indica o caminho à sua mulher. Verena Kast considera a flor cor de sangue com a pérola branca um símbolo "da união do amor físico e místico". A pérola é ao mesmo tempo uma imagem de centro. Joringel encontrou o seu si-mesmo, o que o torna capaz para um amor, que considera a mulher concreta com seu corpo e percebe neste amor algo transcendente. Não se trata mais de um amor que prende, e sim, que, através do encontro com a mulher, toca em algo diferente, fora de nosso alcance. Joringel se liberta de suas necessidades simbióticas quando experimenta, dentro de suas limitações humanas, a transcendência no amor em relação à mulher concreta. Pois agora não vivencia mais a simbiose com sua mulher, mas, por fim, a simbiose na transcendência. E parece que esta não lhe causa danos, mas possibilita, agora sim, um amor maduro por uma mulher concreta.

A história da Bela Adormecida

No conto da Bela Adormecida nos deparamos com um exemplo parecido de limite. A bela adormecida é amaldiçoada por uma mulher sábia: deve ferir-se em uma roda de fiar aos 15 anos e por isso morrer. Uma segunda mulher pode apenas atenuar a maldição, transformando a morte em um sono que dura cem anos. Apesar da precaução dos pais de afastar todas as rodas de fiar, a menina é alcançada por seu destino. Não apenas ela adormece, mas o castelo inteiro: os pais, os empregados e até os animais. Cresce uma floresta de espinhos em volta do castelo. Vários príncipes tentam ultrapassar essa floresta, pois desejam libertar a bela adormecida, da qual se diz ser a mulher mais bonita que se possa imaginar. Os pretendentes, porém, perecem lamentosamente na floresta. Após cem anos um homem destemido consegue ultrapassar o limite. Os espinhos transformam-se em flores belas e o deixam entrar.

Aqui também se trata de um limite. Ao completar 15 anos a menina entra em contato com a sua sexualidade e nela se fere. Por isso necessita de uma floresta de espinhos em torno de si. Por um lado deseja o relacionamento com o homem, mas por outro se defende. Teme ser ferida novamente e assim opta por ferir aqueles que querem conquistar-lhe. Algumas meninas criam uma floresta de espinhos em torno de si, mas é justamente isso que atrai os homens. Porém, logo que um deles se aproxime demasiadamente, elas se recolhem por trás de um muro impenetrável.

A floresta de espinhos também simboliza um limite em relação ao tempo. Aos 15 anos a menina ainda não está madura o suficiente para lidar de forma correta com a roda de fiar. Precisa dormir por cem anos, antes de se tornar madura para o amor. O número cem representa a totalidade. Somente após a bela adormecida tornar-se quem ela realmente é, o pretendente pode aproximar-se dela. O limite da floresta de espinhos concede-lhe o espaço protetor necessário para o amadurecimento. Após cem anos os espinhos se transformam em flores, convidando o pretendente a abrir um caminho até a bela adormecida.

Não raro nos deparamos com limites em relação ao tempo e estes precisam ser considerados por nós. Tentamos obter as coisas a força, o que não nos leva a lugar algum. Precisamos esperar a hora certa. Isso se aplica ao amor entre homem e mulher, mas vale também para passos importantes em nossa vida. Às vezes precisamos esperar a hora certa de uma decisão. Nessa situação vale preservar o limite relacionado ao tempo, caso contrário permanecemos, conforme indica o conto, presos aos espinhos. Ferimos a nós mesmos à medida que ruminamos os nossos problemas ou quando tentamos forçar alguma decisão de forma violenta.

4

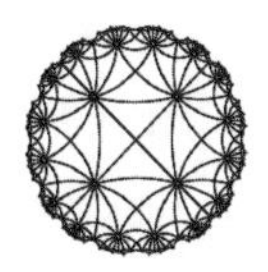

Vivemos dentro de limites estabelecidos

Sobre *hybris* e humildade

Um ser do limite

A história da humanidade relatada no livro de Jó comoveu seres humanos de todos os tempos. Jó teve que experimentar, a partir de seu sofrimento, o quanto pode doer o fato de Deus estabelecer limites firmes para os seres humanos. Queixa-se assim diante de Deus pela situação em que o ser humano se encontra: "Se os seus dias já estão determinados, e contigo está o número dos seus meses; se lhe fixaste um limite intransponível, desvia dele os olhos e deixa-o em paz para que ele se alegre como um assalariado com o seu dia" (Jó 14,5-6). Jó experimenta a limitação de sua vida. Acumulou grandes posses e uma família saudável, mas tudo lhe foi tirado. Acredita que Deus estabeleceu o limite de cada ser humano, o limite em relação à duração de sua vida, à sua força e o que ele pode alcançar com esta.

A filosofia descreve o ser humano como um ser do limite, que "está inserido em determinadas, isto é, delimitadas, situações históricas, culturais e sociais que configuram os moldes de sua existência". Foi assim que Heinrich Fries se expressou. O horizonte sob o qual vivemos é limitado e a nossa existência histórica também o é. Conhecemos apenas esses pais, esse lugar e o país no qual crescemos. As nossas capacidades também não são ilimitadas. Ansiamos pelo infinito, percebemos, porém, que não podemos tudo o que desejamos. Os nossos desejos e anseios se estendem para além dos limites estreitos que Deus estabeleceu para nós. O que alcançamos é sempre incompleto. Não podemos apagar os nossos limites. Queremos viver o máximo possível, mas segundo Fries "esta vida é limitada por desgraças, catástrofes naturais, ameaças por parte dos seres humanos, sofrimentos e doenças do corpo e da alma". Uma descrição desse tipo não é apenas negativa, pois através de nossos limites descobrimos quem somos. Experiências que, devido ao seu caráter extremo, conduzem-nos ao limite de nossa resistência, certamente nos ameaçam. Elas constituem, porém, simultaneamente, uma oportunidade de crescimento pessoal, convidam-nos a desenvolver novas possibilidades de vida. A filosofia existencial descreveu experiências dessa espécie como um desafio a inovarmos a forma como nos portamos perante a nossa própria existência. Experiências extremas forçam-me a criar questões sobre mim e a minha existência e me remetem, em última instância, a Deus.

Para Jó, Deus mesmo estabelece os limites de nossa vida. Sua história nos ensina que concordar com os limites impostos por Deus significa humildade. Experimento esses limites em tudo que faço: quando escrevo não tenho sempre o mesmo êxito que fantasio, quando organizo algo na administração alguma coisa sempre permanece obscura. Nas minhas ilusões não há limites, mas, logo que desejo realizar as minhas ideias, deparo-me com eles. Posso revoltar-me contra eles, mas isso não adianta muito. O curta-metragem "O muro" ilustra tal experiência: duas pessoas estão diante de um muro. Uma se conforma com o limite, a outra o confronta constantemente e faz um buraco no muro com a sua cabeça. Enquanto ela paga com a vida por essa vitória, a outra pessoa passa pelo buraco. Mas logo que superou o muro, aparece outro diante dela. Parece que existem muitos muros, muitos limites que diminuem o nosso espaço. Como devemos nos portar diante dessas limitações? Bater com a cabeça na parede parece ser problemático, pois às vezes pagamos, tanto no sentido figurado como literal, com a vida por tal ato. Uma outra possibilidade seria aceitar os limites e lidar criativamente com eles. Temos também a opção de reprimir os limites e viver ao léu, o que não parece ser uma boa alternativa, pois desta forma a minha vida se torna tediosa e sem sentido. Preciso posicionar-me diante dos limites, senti-los. Não raro isso dói, cria, no entanto, simultaneamente, uma saudável tensão entre a aceitação dos limites, o adiamento e o ato de passar por cima.

O caminho espiritual lida diferentemente com os limites estabelecidos por Deus. Reconheço os meus limites e os compreendo como sinal do meu estado de criatura e da minha finitude. São Bento considera a aceitação da finitude e da limitação um sinal de humildade. No capítulo sobre a humildade Bento descreve o monge que aceita as suas limitações, mesmo quando isso lhe pesa: "Suporta tudo, sem se cansar e sem fugir; pois a Escritura diz: Quem permanece firme até o fim, será salvo. Do mesmo modo: Que seja forte seu coração, e suporte o Senhor!" (Regra Beneditina, 7: 36s.). Quando o monge se sente sufocado em função dos limites estabelecidos pela sociedade, pelo abade e por Deus, exige-se dele a virtude da firmeza. Pois, ao permanecer firme, ele cresce através dos limites, permitindo assim que as suas limitações o remetam ao Deus ilimitado. Deus está além do limite e possibilita que nos reconciliemos com as nossas limitações.

Limitações do tempo

Atualmente experimentamos as limitações do tempo como algo doloroso. O nosso tempo é limitado. Quando crianças, brincávamos despreocupadamente, não prestávamos atenção na hora. Hoje temos hora marcada para tudo e isso delimita as nossas possibilidades e obrigações. O tempo disponível para o trabalho, o encontro, a leitura e a brincadeira é restrito. O ritmo biológico do tempo estabelece limites naturais para nós: cansamo-nos, pois chegamos ao limite individual de nossa capacidade. Às vezes tentamos ludibriar o tempo, fazemos cada vez mais, isto é, extrapolamos os limites de um determinado período de tempo. Cada minuto precisa ser aproveitado. Vivendo dessa forma, acabamos nos tornando incapazes de perceber o tempo e usufruir do mesmo.

À medida que envelhecemos, todos nós experimentamos as limitações do tempo como algo doloroso. Damo-nos conta de que algumas coisas não funcionam mais como antigamente. Muitos ignoram as limitações do tempo, acreditam poder simplesmente prosseguir da mesma forma como antes. A desconsideração dos limites temporais não raro se manifesta a partir de um colapso físico. Quando paramos de trabalhar, aposentamo-nos por assim dizer, o meio externo nos impõem limites segundo um acordo social. Alguns percebem essa modificação como algo positivo, alegram-se com o espaço livre que se abre diante deles. Para outros, esta é uma experiência incisiva, um limite doloroso, não se conformam facilmente com o fato de não serem mais consultados quando algo precisa ser decidido e de não mais possuírem uma agenda, que provaria a sua importância. A sua vida se modificou da noite para o dia. A arte de lidar com a limitação do tempo imposta pela aposentadoria ainda precisa ser aprendida. Atualmente as pessoas vivem por cada vez mais tempo e nesse sentido a possibilidade de aprender tal arte constitui também uma importante tarefa espiritual.

Limites do crescimento

Hoje em dia a sociedade passa pela dolorosa experiência de se despedir da ilusão do crescimento ilimitado. Já décadas atrás os cientistas do "Clube de Roma" chamaram a nossa atenção para os "limites do crescimento". Publicaram em 1972 o famoso *Relato sobre a situação da humanidade* que previa tal fato. Desde então a ideologia sobre o crescimento ilimitado se desfez. A economia também não pode crescer eternamente, pois tudo, tanto a produção como o consumo, tem limites. Os seres humanos não podem comer e beber infinitamente. As empresas não podem produzir sem a expectativa de vender. O mercado tem limites. No âmbito da economia não podemos nos esquivar da verdade fundamental de que toda obra humana possui limites, mesmo quando os nossos desejos e anseios se estendem para além destes. Os nossos anseios podem desembocar em uma ideologia eufórica de crescimento, que acaba se revelando ilusória, ou então, não se fixam apenas em objetivos puramente materiais. Por fim, os nossos anseios mais profundos se realizam apenas quando os encaminhamos a Deus, pois este se encontra além de todos os limites humanos.

A verdadeira sabedoria

Assim como Jó, muitas pessoas se chocam de modo doloroso e existencial com os seus limites. Possuem ideias muito claras em relação a sua vida e não conseguem aceitar a existência de certos limites. Por exemplo: alguém mete na cabeça que precisa cursar a faculdade de matemática a qualquer preço. Quando não tem êxito não consegue admitir o seu fracasso. Algumas pessoas querem forçar violentamente a realização de seus objetivos. Sobrecarregam-se dessa forma e reagem adoecendo. Aceitar os limites exige humildade, cujo contrário é a *hybris*. A partir da *hybris*, identifico-me com imagens sem limites, como, por exemplo, a imagem do herói, que não teme nada, do curador que cura qualquer doença, do auxiliador que pode ajudar qualquer pessoa ou com a imagem daquele que pode tudo o que deseja. A mitologia grega ilustra, a partir de diversas imagens, o que sucede a quem não admite os seus limites. Prometeu é a imagem do ser humano que não percebe as suas limitações. Rouba o fogo dos deuses, apropriando-se assim de algo que não compete ao ser humano. Acorrentam-lhe, como punição, em uma rocha do Cáucaso. O seu fígado é comido diariamente por uma águia, formando-se novamente em seguida. A águia representa a fantasia de grandeza que o seduziu a agir do modo que agiu e que o confronta de forma dolorosa com as suas limitações.

Podemos entrar em contato com os limites que Deus estabeleceu para nós e experimentar se é possível avançar um pouco. Talvez julguemos o limite por demais estreito. Pertence, porém, à sabedoria humana reconhecer que Deus também estabeleceu limites intransponíveis para nós. Trata-se do limite de nossas capacidades, de nosso corpo e espírito e por fim também do limite de nossa vida. Podemos adiar o fim de nossa vida através de esforços médicos, mas ele virá. Encarar o fim, ao invés de negar as próprias limitações, constitui a verdadeira sabedoria.

5

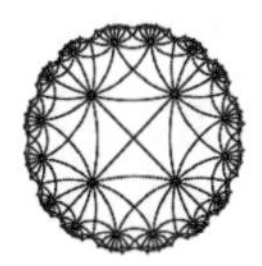

É preciso conhecer os limites

Sobre regras claras e atritos necessários

Proteger para não sobrecarregar

Coélet era um mestre sábio, articulou a sabedoria dos judeus com a dos gregos, observou o comportamento humano e teve que reconhecer: "O ser humano não conhece o seu limite" (cf. Ecl 9,12). O que Coélet diz de forma mais ampla sobre o ser humano, atualmente, refere-se principalmente às crianças. Não raro pais enfrentam dificuldades quando querem impor limites a seus filhos. Por isso muitas crianças crescem sem limites, mal sabem onde se situam os limites que não deveriam ser ultrapassados. Em seu livro *Crianças necessitam de limites*, Jan-Uwe Rogge convida os pais, com bastante humor, porém também de forma incisiva, a traçarem limites claros para os filhos. Caso contrário não devem admirar-se quando os filhos fizerem gato e sapato deles. "Colocar limites significa considerar e respeitar a personalidade do outro" (Rogge).

Muitos pais sentem dificuldades em impor limites a seus filhos, pois desejam o melhor para estes. Frequentemente sofrem com o fato de seus pais terem estabelecido regras muito rígidas, sempre associadas com punições e ameaças de castigo. Desejam poupar os seus filhos disso, porque sentem medo de submetê-los às mesmas experiências pelas quais passaram. Sendo assim, quase não estabelecem mais limites, o que não ajuda nem a eles, nem aos filhos, pois não é possível ter atritos com limites inexistentes. O atrito causa calor. Sob essa perspectiva, criar limites é sempre um sinal de amor. A educação que não determina limites não é experimentada pelas crianças como liberdade ou amor, e sim, como descaso e "falta de resguardo" (Christa Meves). As crianças sentem-se sobrecarregadas e se tornam agressivas.

Educação com determinação

Filhos que não recebem limites sentem-se forçados a exibir comportamentos cada vez mais chamativos no intuito de experimentar os limites dos pais. Rogge acredita: "A firmeza cria limites e onde estes se encontram ausentes impera a insegurança. Os filhos começam a testar até onde podem ir". Pais que não criam regras passam a ser tiranizados pelas crianças. Acabam "explodindo", o que abala os filhos mais ainda. Não há clareza e os filhos não se sentem levados a sério. Alguns pais tentam impor limites, não são, no entanto, muito determinados em suas ações, permitindo que os filhos os manipulem. Filhos sabem muito bem como persuadir os pais. Uns obtêm domínio sobre eles na medida em que os fazem se sentir culpados, outros, quando ameaçam suicidar-se ou alegam não serem amados suficientemente. Estabelecer limites exige determinação, caso contrário, os filhos os contornam. Rogge sublinha tal fato: "Quem ignora e faz pouco caso das constantes transgressões da criança reforça não apenas uma postura e um comportamento destrutivo, e sim, impede o desenvolvimento da autoestima e o sentimento de consideração e respeito muútuo". Muitos pais têm dificuldades de estabelecer limites por temerem parecer antiquados. Os filhos, por sua vez, sabem como fazer os pais se sentirem culpados. Alegam que todos os amigos podem fazer tal coisa ou que possuem determinado objeto. Somente *os seus pais* são antiquados e rígidos, pois não permitem as mesmas coisas. São necessárias clareza e segurança interna para defender-se contra esse tipo de manipulação. Outros pais já nem criam mais limites, pois temem conflitos. É certo que, quando estabelecemos limites, expomo-nos às críticas dos filhos, que não raro são muito duras. Crianças aprendem diversas estratégias, através dos meios de comunicação, para confrontarem pais que impõem limites. O filho de 13 anos de minha irmã se queixou, chamando-a de antiquada por ela criar determinadas regras. Porém ao cabo de algumas semanas afirmou: "Pelo menos vocês se preocupam comigo. Os outros pais deixam tudo, só para terem sossego". O filho percebe que a mãe não estabelece limites para rejeitá-lo ou por estar mal-humorada, e sim, porque o leva a sério. Ousou confrontar o filho, pois o estima. Ele respeitou tal fato, apesar de tentar, em um primeiro momento, dissolver o limite estabelecido à medida que queria que minha irmã se sentisse culpada.

A psicologia do desenvolvimento afirma ser principalmente o pai que estabelece limites. Este, no entanto, frequentemente recusa essa tarefa. Prefere ser um pai compreensivo ao invés de parecer demasiadamente autoritário. Ao desistir de sua função paterna, os filhos acabam não encontrando a sua própria identidade. Não sabem que modelo seguir. Filhos sem a figura do pai por vezes se tornam criminosos, já que nunca experimentaram os seus limites e jamais foram solicitados a seguir os limites existentes. Horst Petri, psiquiatra e autor de um livro sobre a "privação de pai", resume os resultados de projetos de pesquisa empírica constatando que muitos dos meninos que não tiveram pai possuem "forte tendência para transgredir limites e comportamentos agressivos, que não raro, sob a influência de um meio ambiente não favorável, podem resultar em abandono e criminalidade". Segundo Petri, meninos sofrem ainda mais do que meninas quando são privados do pai. Este é importante principalmente para a formação da consciência moral e para o "aprendizado de normas e condutas sociais". Quando não cumprem a sua tarefa, os meninos correm o risco de jamais aprenderem a respeitar limites. Acreditam que o mundo se adapta às suas exigências, fracassam, no entanto, com essa postura ilusória frente à realidade logo que a vida lhes apresenta as primeiras dificuldades e impõe limites.

O que filhos realmente desejam

Pais não ajudam seus filhos quando são somente compreensivos e se limitam a discutir com estes o seu comportamento ressaltante. Não raro os filhos simplesmente desprezam esse tipo de *blablablá*. Intuem claramente que os pais são covardes demais para confrontá-los. Alegam que os pais lhe "dão nos nervos". Eles não apenas precisam, mas também querem pais que dizem claramente o que desejam. À medida que as exigências dos pais ficam mais evidentes, torna-se possível lutar contra estas. Muitos pais, porém, recuam diante dessa ideia, querem ser somente compreensivos. Em última instância, preferem ser compreendidos pelos filhos, ao invés de levar o seu papel como pai e mãe a sério.

Jan-Uwe Rogge nos apresenta um exemplo desse tipo. Uma mulher se queixa de seu filho não respeitar nenhuma regra. Quando perguntada quais regras exatamente ele deve seguir, torna-se claro que ela não estabelece os limites de forma precisa. Acredita que o filho deveria simplesmente saber o que fazer, este por sua vez a provoca cada vez mais. Interrompe a conversa da mãe com o pedagogo alegando sentir sede. A mãe o convida a escolher o suco que deseja na geladeira e ele opta pelo suco de laranja. Volta em seguida queixando-se de que o suco está gelado demais. A mãe o manda de volta para que ele pegue o que deseja. Ele retorna logo após, chorando: deixou cair a garrafa e esta se quebrou. Ao conversar com o menino, torna-se claro para Jan Uwe Rogge, que este sabe exatamente como fazer a mãe explodir. O filho se delicia com esses rituais. Quando a mãe não sabe mais como agir, ela lhe bate, arrependendo-se em seguida. É quando ele consegue o que quer. Rogge pergunta ao menino como gostaria que sua mãe reagisse. Este responde: "Quando faço merda, ela deve dizê-lo". E depois explica ao pedagogo por que provocou a mãe de tal maneira: "Queria saber até onde ela vai", reconhecendo ao mesmo tempo: "Com você não posso fazer isso, acho que não. Mas eu tentaria". Essa história revela que, em última instância, os filhos anseiam que os pais digam claramente o que desejam. Sentem-se sobrecarregados quando estes apenas conversam e se demonstram compreensivos. Parece que, no fundo, os pais estão falando com o seu próprio eu infantil e não com os seus filhos. Filhos querem limites. Através do atrito com os mesmos, entram em contato consigo mesmo e sentem a existência de seus pais. Isso, porém, exige que estes estejam dispostos para o confronto e que suportem, caso ocorra algum conflito, serem chamados de antiquados ou "muito chatos".

6

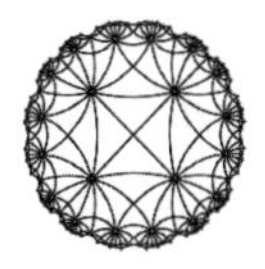

A delimitação pode ser saudável

Sobre agressividade saudável e distância

Recusas saudáveis

Algumas das revelações a respeito da pessoa de Jesus condizem especialmente com a nossa temática. O evangelista Marcos descreve Jesus como um homem que promove a cura. Muitos enfermos o procuram por essa razão. Quando, porém, uma mulher grega implora pela cura de sua filha doente, Jesus não se mostra muito disponível de início (Mc 7,24-30). Delimita o seu espaço e confronta a mulher com o seu próprio comportamento. Ao trabalhar com a Bíblia percebemos que muitas mulheres se irritam com o comportamento de Jesus. Tornaremos presente a seguinte cena: Jesus se isolou com os seus apóstolos na região de Tiro no intuito de instruir os mesmos e não ser importunado pelas confusões políticas da Galileia. Poderíamos dizer que ele foi para o exterior e se recolheu na clausura com a finalidade de estar a sós com os seus apóstolos. Uma mulher grega, no entanto, o procura e se joga aos seus pés. É possível imaginar como ela agarra os pés de Jesus com seus braços e suplica que ele cure a sua filha, que está possuída pelo diabo. Jesus, porém, delimita o seu espaço, não atende a pedinte de imediato e sim aponta para a razão pela qual sua filha adoeceu. Afirma que a mãe negligenciou a filha por se preocupar demasiadamente com suas próprias necessidades. A postura seca de Jesus, diante da mulher que pede ajuda, choca e irrita alguns leitores da Bíblia. Possuem a imagem de um Jesus sempre disposto a ajudar e sentem dificuldades em compreender a nítida delimitação de espaço que este propõe. Experimentam a delimitação como rejeição. A história, portanto, demonstra o oposto: A delimitação possibilita um encontro saudável.

Mães e filhas

À medida que Jesus estabelece limites diante da mulher pedinte, ele possibilita que esta redefina o seu próprio espaço em relação à filha. A relação entre mãe e filha tem êxito apenas quando as duas possuem o seu próprio espaço. Obviamente isso não significa uma delimitação radical. A filha necessita da mãe para que possa desenvolver, a partir do encontro com esta, a sua própria identidade como mulher, o que só é possível quando os limites não se desfazem. A falta de clareza atua como um demônio que a invade. Ela não sabe mais como lidar consigo mesma. A mãe também não sabe como agir. Acredita, por sua vez, que a filha está possuída pelo demônio. Na realidade, a falta de limite conduz ao conflito entre mãe e filha. A psicoterapeuta Thea Bauriedl designa a relação simbiótica entre mãe e filha de "relação ilimitada". Quando não existem limites claros entre mãe e filha, a segunda não conhece o seu lugar. Perde o contato com os próprios sentimentos e se apropria dos da mãe. Não sabe dizer o que realmente sente. Algumas filhas reagem diante dessa total falta de limite à medida que se fecham completamente em relação à mãe. Delimitam seu espaço de tal maneira que magoam a mãe. Esta por sua vez não sabe como agir, não consegue mais se aproximar da filha. E mesmo assim se ocupa constantemente com ela. Thea Bauriedl se refere a um vínculo duplo quando fala da relação ilimitada. A filha deseja amar a mãe, mas ao mesmo tempo acredita que a mãe teme esse amor. Por isso reprime o sentimento. Este vínculo duplo a torna inapta para relacionamentos mais definidos. Sente-se atraída por pessoas, deseja o amor destas. Simultaneamente, porém, reprime o seu amor, pois receia aproximar-se demasiadamente dos outros e de estes não quererem o seu amor.

Delimitação externa e interna

A relação ilimitada entre mãe e filha acarreta consequências fatais para a filha. Uma mulher sempre ouvia a seguinte mensagem da mãe: "Se você não se comportar bem, eu morro". Solicitar um bom comportamento não era apenas uma exigência moral, e sim, encontrava-se ligada a uma tremenda ameaça. Por fim, isso levou a uma situação onde a mulher se encontrava em seu interior totalmente presa à mãe. Quando cometia algum erro, sentia medo de ferir a mãe e provocar sua morte.

A mãe, no entanto, também se sente sobrecarregada quando estabelece uma relação ilimitada com a filha. Não sabe mais como lidar com ela, não compreende o seu comportamento. Desse modo, tenta entender a filha e procura demonstrar ainda mais proximidade. Não raro acaba mimando-a no intuito de ficar com a consciência mais tranquila. Acredita ter falhado em algum momento na educação e deseja reparar o erro no momento presente. Mas a trama se torna apenas cada vez mais desastrosa. Jesus encoraja a mãe a delimitar o seu espaço em relação à filha. Ela também tem o direito de levar as suas necessidades a sério e respeitar os seus limites. À medida que consegue estabelecer limites diante da filha, esta descobre o seu próprio espaço, onde desabrocha e encontra a sua própria identidade.

Muitas filhas sofrem com o fato de a mãe ter ultrapassado os seus limites. Quando meninas, não podiam trancar o seu quarto, a mãe lia seu diário. Não possuíam um espaço próprio, onde podiam se sentir seguras. Quando essas filhas chegam à idade adulta, continuam achando que a mãe está se intrometendo em sua vida. Encontram, igualmente, dificuldades em delimitar o seu espaço diante de outras pessoas ou de seus próprios filhos. Assumem inconscientemente a incapacidade da mãe de determinar limites. Internamente ainda se sentem observadas e avaliadas pela mãe e certamente encontram dificuldades em nível pessoal, quando querem defender seu espaço diante de sua família ou dos desejos de seus colegas de trabalho. Nessa hora o estímulo de Jesus é saudável: podem ser elas mesmas e separar-se da mãe. Apenas quando a separação entre mãe e filha tem êxito, existe a possibilidade de uma relação frutífera, na qual a filha pode reconhecer as raízes positivas que a mãe lhe deu. Desse modo essas mulheres serão capazes de estabelecer limites saudáveis diante das expectativas externas.

Mas não se trata apenas de uma delimitação em nível externo. Durante o aconselhamento deparamo-nos constantemente com constelações, nas quais filhas se encontram internamente ligadas à mãe. Mesmo quando conquistaram o seu espaço externo, assumem, inconscientemente, o lado sombrio da mãe. A mãe sempre se mostrou amável e disponível, mas inconscientemente ela irradiava certa negação diante da vida. A filha não sabe por que razão às vezes se sente cansada de viver, paralisada e esgotada. Somente na terapia passa a perceber que está vivendo o lado sombrio da mãe. Separar-se da mãe em nível inconsciente, às vezes, exige muito tempo. No inconsciente estamos, querendo ou não, sob a influência do outro. Podemos separar-nos lentamente do lado sombrio da mãe à medida que obtemos consciência do inconsciente. Voltaremos sempre a experimentar a sombra, mesmo quando estabelecemos o nosso espaço. Quando as relações se constelam dessa forma, deve-se primeiramente reconhecer a sombra para em seguida distanciar-se dela. Por exemplo, sinto-me esgotado e então posso dizer a mim mesmo: "Isso é novamente a sombra da minha mãe, a depressão da minha mãe, eu a deixo com ela". À medida que reconheço a influência inconsciente de minha mãe, obtenho força para erguer-me e assumir ativamente a minha vida. Ao me distanciar da sombra, entro em contato com a força que se encontra dentro de mim.

Distância saudável

Mulheres relatam em várias ocasiões que sentem dificuldades de se distanciar de suas mães idosas e carentes de cuidados. Elas mesmas querem cuidar de suas mães, pois desejam um fim de vida mais suave para estas. Percebem, porém, o quanto relutam internamente quando visitam a mãe e como se tornam agressivas quando esta faz algum pedido. Uma mulher relatou sentir-se fraca e esgotada após visitar a mãe. Ela absorve a insatisfação desta e permite ser ferida. Nesse tipo de situação é necessário determinar limites. Meditar um pouco antes da visita, para que se fique mais centrado, seria uma possibilidade. Quanto mais alguém entra em contato consigo mesmo, menor a possibilidade de o outro transgredir os seus limites. Percebo o que a minha mãe deseja e não me defendo contra, simplesmente percebo. Confio, no entanto, na minha intuição e sinto quais dos desejos eu posso satisfazer e quais não. Isso possibilita a relação com a minha mãe ser livre de cobranças, ao mesmo tempo, porém, afetuosa; em suma: uma relação que ajuda tanto a mãe quanto o filho.

Outra possibilidade seria devolver à mãe os sentimentos que percebemos em nós durante o encontro. Tento imaginar, por exemplo, de que forma a insatisfação que sinto encontra-se na minha mãe. Cresce assim um sentimento diferente dentro de mim. Sinto compaixão com essa mulher idosa, que não consegue se aceitar, que está dividida e insatisfeita. Esse exercício me ajuda a ser mais paciente e ameno ao lidar com a minha mãe. O encontro com outras pessoas sempre pode me causar sentimentos negativos, pois assumo frequentemente os sentimentos do outro. Dessa forma posso reconhecer, a partir dos meus próprios sentimentos, como o outro realmente está. À medida que devolvo ao outro os seus sentimentos, entro em contato com os meus. Deparo-me agora com uma clareza interna no lugar da agressão. Ao invés da insatisfação sinto compaixão, ao invés da depressão a minha própria força. Durante o encontro as emoções do outro ultrapassam o meu limite. Quando percebo tal fato, posso estabelecer novamente: Deixo as emoções do outro com o outro e as observo a partir de uma distância saudável, sem avaliá-las ou julgá-las.

7

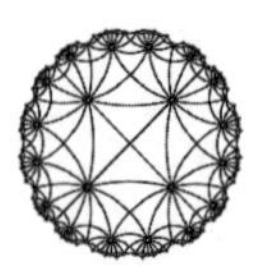

Não permito que firam os meus limites

Sobre a pressão externa e o centro de cada um

Permanecer consigo mesmo

Quando estamos centrados os nossos limites estão mais protegidos. O evangelista Marcos descreve tal fato a partir de algumas cenas: Jesus está consigo mesmo e não permite ser desviado de seu centro, não permite que os outros prescrevam as regras que ele deva seguir, ao contrário, ele permanece soberano. Encontra-se em contato consigo mesmo e faz aquilo que está em harmonia com seu estado interno. Os seus opositores querem adquirir poder sobre ele, tomar posse dele, não conseguem, no entanto, ultrapassar os limites que ele estabelece.

Existem duas cenas bastante elucidativas nesse contexto. Temos o relato de Mc 3,1-6: Como judeu devoto Jesus vai à sinagoga em um sábado e encontra um homem cuja mão está seca. Jesus toma uma iniciativa e intima esse homem: "Levanta-te e vem para o meio"

(3,3). Jesus poderia simplesmente ter se entregado à reza. Mas sentiu um impulso interno de curar o homem enfermo. Percebe ao mesmo tempo que os fariseus lhe observam. Eles procuram por uma razão para acusá-lo e a encontrarão, caso ele cure no sábado um enfermo que não se encontra em perigo de morte. Jesus não se deixa intimidar pelos fariseus. Ao invés disso, lhes faz uma pergunta bem clara e ao mesmo tempo afiada: É lícito no sábado fazer bem, ou fazer mal? Salvar a vida ou matar? (3,4). Jesus está exercendo um papel ativo. Força uma reação de seus opositores. Mas estes são covardes demais. Não têm coragem de responder, pois a pergunta que Jesus faz a eles revela a sua verdadeira intenção. Caso insistam em cumprir os Mandamentos, irão cometer o mal no Sábado, destruirão vidas. E não são capazes de admitir isso a si mesmos. Por isso permanecem em silêncio. Jesus, porém, não lhes concede poder. Olha um por um "com indignação, condoendo-se da dureza dos seus corações" (3,5). A indignação é a força que me distancia dos outros, que estabelece um limite nítido: "Encontro-me em meu lugar e você no seu. Você pode ser do modo que você é. Não o repreendo. Assumo, porém, o que penso. Você pode ter um coração duro e obstinado. Mas este é um problema seu. Não me deixo determinar por isso". Jesus faz o que julga ser certo. Não concede poder à postura e às expectativas dos fariseus. Não permite que eles ultrapassem o seu limite e que determinem a partir de sua postura rigorosa o que ele deve fazer. Ele é superior, pois age de acordo com o seu centro. Os outros desejam ferir os seus limites. Ele, no entanto, não permite e se defende contra o abuso.

Harmonia interna

Frequentemente permitimos que as expectativas e os julgamentos dos outros nos determinem. Não assumimos aquilo que julgamos certo. Tão logo a opinião alheia passe a exercer pressão demasiadamente grande, abandonamos o nosso próprio território. Adaptamo-nos em consideração às opiniões alheias, perdendo assim o nosso próprio contorno. Desfazemo-nos. Adaptamo-nos e simultaneamente perdemos o nosso amor-próprio. Quando nos adequamos por demais às expectativas dos outros, perdemos a sensibilidade em relação àquilo que realmente desejamos. Não estamos mais em contato com o nosso próprio sentimento. Permitimos que o meio externo prescreva como devemos sentir-nos e como agir. Dessa forma, no entanto, afastamo-nos cada vez mais de nós mesmos. Admitimos que o outro ultrapasse os nossos limites e que determine o nosso território. É fascinante o quanto Jesus é lúcido e livre. A agressividade permite que ele delimite claramente o seu espaço diante dos fariseus, libertando-se internamente de sua influência. Encontra-se centrado e age conforme o que está em harmonia com o seu estado interno. Ansiamos por esse tipo de clareza e liberdade. Jesus, naturalmente, paga com a vida por essa clareza. Mas harmonia interna lhe é mais cara do que o apoio das massas.

Existe ainda outra cena que demonstra o quanto Jesus age de acordo com uma liberdade interna e não se sente sob a pressão de dar satisfação aos outros. Muitas vezes tentamos nos justificar quando dizemos não a alguma coisa. Nós mesmos nos submetemos a essa pressão, desejando explicar por que não podemos atender a um pedido no exato momento. Jesus abre mão desse tipo de justificativa. Simplesmente faz o que pensa e quando fala não admite que os outros lhe imponham algo. Ele mesmo toma a iniciativa. Ao invés de responder às questões dos outros, ele pergunta. Quando nos sentimos pressionados a responder a todas as perguntas, corremos o perigo de ficar sem saída. Primeiramente nos defendemos e justificamos, percebendo, de repente, que já permitimos aos outros ultrapassarem os nossos limites. Permitimos que eles imponham as regras do jogo. Mas Jesus não. Ele atua de acordo com o seu centro e não tolera que os outros estabeleçam o que ele deve fazer. E também não se sente obrigado a justificar as suas ações, pelo contrário, devolve aos outros as perguntas impostas a ele, estabelecendo desta forma um limite que não pode ser violado.

Agir de forma superior

Marcos ainda nos fala de outra cena a partir da qual podemos apreender sobre a liberdade interna de Jesus. Alguns fariseus e seguidores de Herodes querem atrair Jesus para uma cilada. A princípio tentam envolvê-lo, o elogiam e o descrevem como um mestre que diz sempre a verdade. Essa tentativa, aparentemente positiva, de envolvê-lo, já é uma tentativa de desconsiderar o seu limite e adquirir poder sobre ele. Algumas pessoas se sentem impotentes quando elogiadas. Não conseguem mais dizer o que realmente pensam à medida que se sentem lisonjeadas. Tentam fazer jus aos elogios através de suas palavras e ações e deixam de ser eles mesmos. Mas Jesus não se deixa levar por esse tipo de transgressão. Permanece em seu centro. Não permite que o forcem a determinadas ações.

Os seguidores de Herodes tentam conduzir Jesus a uma armadilha quando fazem a seguinte pergunta: "É lícito dar tributo a César, ou não? Daremos, ou não daremos?" (Mc 12,14). Independentemente do que Jesus disser, ele cairá na cilada. Caso diga que devemos pagar ao imperador, os zelotas e judeus estarão contra ele. Afastar-se-iam decepcionados, acreditando que Jesus se aliou aos romanos. Mas se ele sonegar os impostos, os seguidores de Herodes estarão contra ele. O denunciarão a Herodes e aos romanos. O incentivo à sonegação era razão suficiente para prender e matar alguém. Os próprios fariseus não tinham clareza a respeito dessa pergunta. A princípio eram contra os impostos. Mas ao mesmo tempo eram demasiadamente covardes para agir de acordo com a sua opinião. Eles se esquivam. Jesus, porém, não entra nessa questão. Não permite que o empurrem para um beco sem saída e toma como sempre uma atitude. Ordena aos fariseus: "trazei-me um denário para que eu o veja" (Mc 12,15). Os fariseus trazem o denário, admitindo dessa forma que, em última instância, seguem o imperador. Jesus ganha tempo, pode pensar em uma estratégia. Não se deixa enlaçar por aqueles que perguntam. Pergunta a seus opositores a quem se refere a imagem e inscrição que se encontram na moeda. Eles respondem: "A César". Então Jesus pronuncia uma palavra que expressa a sua liberdade interna e que cala aqueles que perguntam: "Dai, pois, a César o que é de César, e a Deus o que é de Deus" (12,17). Jesus não responde à questão acerca dos impostos. Diz apenas que devem devolver o que receberam do imperador. Ele se refere ao sistema econômico, à construção de estradas, à infraestrutura, ao sistema monetário. Tudo isso pertence ao imperador. Devem devolver apenas o que receberam. De Deus, no entanto, receberam o que são, a sua condição humana. Devem devolver isso a Deus. Nenhum imperador tem poder sobre isso. O ser humano pertence a Deus e não a qualquer homem poderoso. Essa resposta cala aqueles que perguntam.

Muitas vezes passamos pela experiência de nos sentirmos encurralados por causa dos pedidos dos outros. Um exemplo bem cotidiano para isso seria quando alguém nos liga para marcar uma consulta. Se dissemos que infelizmente não temos nem um horário disponível, não aceitam e continuam insistindo. Aborrecemo-nos e apresentamos as mais diversas razões pelas quais o encontro não será possível. Sentimo-nos imediatamente em um beco sem saída. Também nesse tipo de situação cotidiana o exemplo relatado nos será útil: Jesus não permite que o encurralem. Ele age de forma superior. Por atuar conforme essa liberdade interna, ele não se torna agressivo, e sim permanece calmo e lúcido. Ao concedermos a nós mesmos essa liberdade interior ou quando sentimos a mesma, tornamo-nos capazes de negar o pedido do outro com tranquilidade, sem necessidade de nos defender. Enfatizar o próprio limite, sem precisar se justificar, é um caminho a partir do qual podemos poupar muita energia e força. Em relação à situação cotidiana relatada a pouco, Jesus indica que não devemos permitir que nos afastem do papel daquele que age. Se assumirmos esse papel durante o telefonema, desperdiçaremos menos energia quando delimitarmos o nosso espaço. Tão logo começamos a nos justificar, permitimos que o outro nos invada. Ele já se encontra em nosso território e acreditamos poder afastá-lo através de justificativas novas e mais elaboradas. Jesus deseja mostrar-nos algo diferente: não preciso justificar-me. Digo aquilo que acredito estar de acordo com os meus sentimentos. Isso basta. Não é necessário que o outro compreenda e acolha o meu não. Eu disse não e isso basta. O que o outro pensa, é problema dele. Não preciso quebrar a cabeça sobre isso.

Distinções necessárias

Durante o nosso trabalho de acompanhamento nos são relatadas as mais diversas estratégias de ultrapassar o limite do outro. Nesse sentido uma mulher nos conta que seu namorado a faz sentir culpada sempre que ela consegue delimitar o seu espaço. Por ser uma mulher religiosa, os sentimentos de culpa constituem o seu calcanhar de Aquiles. Por acreditar que jamais pode errar, ela não sabe como se defender quando o namorado a culpa das dificuldades do relacionamento. Passa a questionar-se se deveria contribuir com mais amor e paciência, para que o relacionamento dê certo. Uma estratégia ainda mais impactante de dissolver o seu limite é a ameaça de suicídio do namorado. Quando o namorado ameaça matar-se, ela não tem coragem de considerar os seus próprios limites. Sendo assim tolera ser forçada para acordos que a fazem sentir cada vez menor. Desse modo, cada um de nós possui um calcanhar de Aquiles. O outro pode invadir-nos e não sabemos como nos defender. Para uns a opinião alheia constitui o calcanhar de Aquiles, para outros o perfeccionismo ou a cobrança de não magoar ninguém e de exigir nada dos outros. Necessitamos do dom do discernimento para reconhecermos quando se trata do desejo de Deus e quando simplesmente permitimos que os outros nos forçam a agir de uma maneira que dissolve gradativamente os nossos limites, tornando-nos cada vez menores e mais fracos.

Uma mulher recebeu diversas ligações de seu terapeuta, após interromper a terapia. Este prometia curá-la e despertá-la para uma sexualidade mais livre, caso ela dormisse com ele. Assim ela poderia ser capaz de amar. Alegava poder explicar a ela detalhadamente, segundo um ponto de vista psicológico, o quanto ela era inibida, que a repressão de sua sexualidade a tornava depressiva e que a razão para suas dificuldades residia unicamente no fato de ela ainda permanecer presa às antigas concepções morais acerca da sexualidade. A mulher sentia-se pressionada através das ligações do terapeuta, pois não conseguia se colocar acima dessa situação, ela ainda não havia encontrado o seu centro. Estava demasiadamente dependente daquilo que o terapeuta poderia responder, caso ela se negasse a fazer o que ele sugeria. O exemplo da liberdade interna de Jesus poderia ajudá-la a não se sentir pressionada e obrigada a se justificar. Inverteria o jogo e perguntaria ao terapeuta: "Por que você precisa dessas suas fantasias de salvação? Por que razão necessita dormir com as suas clientes?" Dessa forma ela se libertaria internamente da exigência de se justificar e quem entraria em apuros seria o terapeuta. Ele teria que descer do trono que ocupa enquanto terapeuta e encarar as suas próprias necessidades.

8

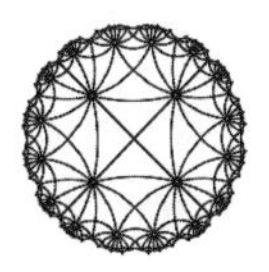

Pessoas sem limites

Sobre como lidar com o caos de emoções

Pessoas indefesas

Existem pessoas que não possuem mais limites. No Evangelho encontramos histórias que nos falam desse tipo de situação. João relata, no quinto capítulo de seu evangelho, a cura de um homem, enfermo há 38 anos. O número 38 se refere à saída dos israelitas do Egito. A dizer a verdade, os israelitas já alcançaram a fronteira da terra da promessa após dois anos. Mas se rebelaram contra Deus e por isso tiveram que vagar por mais 38 anos pelo deserto "até que toda a geração dos homens de guerra se consumiu" (cf. Dt 2,14). Sendo assim, o homem que estava doente há 38 anos então não possuía mais armas. Não pode mais se defender. A sua doença consiste no fato de ele não saber mais como delimitar o seu espaço. Ele representa as pessoas que já não possuem limites. Por isso acredita que qualquer coisa negativa de seu entorno se refere a ele. Absorve tudo e se infecta com o que há de mais nocivo a sua volta. Volta e meia encontramos pessoas que levam tudo para o lado pessoal. Quando alguém ri acreditam que estão rindo deles. Quando alguém está triste acham logo que é culpa sua e perguntam-se onde erraram. Quando observam dois adolescentes conversando no bonde, acham que se referem a eles. Essas pessoas jamais estão consigo mesmas, e sim, sempre com os outros. Pessoas que pensam que os atos dos outros se referem sempre a elas e que absorvem os sentimentos e os humores dos outros, não sabem mais quem são, nem onde estão. É como se estivessem nadando, tendo perdido o chão. Acusam-se quando algo dá errado para o grupo. Se alguém reclama de algo, perguntam-se imediatamente se a queixa está direcionada para eles ou se fizeram algo de errado.

O perigo da mistura

Na terapia fala-se de pessoas "confluentes". A palavra latina *confluere* significa a junção de duas coisas. Quando um rio aflui no outro, torna-se impossível ver o limite de cada um, pois a água se mistura. Da mesma forma existem acompanhantes "confluentes". Absorvem os sentimentos do outro. Não possuem nenhuma distância em relação àquilo que mobiliza o cliente. Dessa forma, porém, não é possível acompanhar o outro. Não conseguem confrontar o outro, nem refletir os sentimentos deste. Encontram-se dentro do outro e com ele se misturam, o que conduz à falta de clareza e dependência. Um está grudado no outro, não podendo, porém, apoiá-lo nem ajudá-lo. O acompanhante presenteia o outro com um afeto ilimitado, por ele mesmo necessitar perdidamente deste afeto. Mas dessa forma não ajuda, e sim, suga aqueles que deveria acompanhar. Acaba usando o acompanhamento a seu favor tornando-se cego para as necessidades e limites dos outros.

Dentro da família também existem pessoas "confluentes". Por vezes um filho ou uma filha não vivem a sua própria vida, e sim, misturam-se com o pai ou a mãe. Os pensamentos da mãe também se encontram na filha e no filho e vice-versa. Quando o filho ou a filha precisam tomar alguma decisão não conseguem distinguir a própria voz interna da do pai. Pensam igual ao pai. Não existem mais limites entre eles e o pai. Uma família "confluente" encontra-se internamente confusa. As emoções são misturadas e desse modo forma-se um caos de emoções. Consequentemente ninguém mais sabe onde está. Encontra-se atravessado pelas emoções do outro. Tudo aflui para um caos impenetrável.

Esse tipo de caos de emoções também ocorre em grupos, especialmente em empresas. Os colegas de trabalho não sabem como delimitar o seu espaço ou não possuem limites. Perdem o seu contorno diante dos sentimentos e humores do outro. Emaranhar-se de tal forma em um caos de emoções é perigoso. Não sinto mais chão por debaixo dos pés. Não entendo mais nada. É difícil diferenciar-me do outro e saber quem realmente sou. Quando as emoções do outro se encontram grudadas em mim, não me sinto mais livre para pensar e decidir. Por fim, não sei mais quais os meus pensamentos, nem onde as minhas sensações encontram-se infectadas pelo clima a minha volta.

Não absorvo apenas as emoções do outro, e sim, também o seu lado sombrio, o qual é ainda mais perigoso, pois não o percebo conscientemente. Não sei por que razão estou depressivo ou agressivo. Sem que eu o perceba, a agressividade reprimida do chefe de departamento penetra a minha alma. O chefe parece ser amável, mas a sua agressividade velada me torna agressivo. Ele se comporta de forma correta, mas o desprezo que sente em relação a si e quem sabe ao ser humano em geral perpassa este seu comportamento e me penetra sutilmente. Muitas vezes não sabemos por que nos sentimos mal, esgotados, exauridos, agressivos ou depressivos em nosso local de trabalho. Nesse tipo de situação torna-se necessário reconhecermos primeiramente como o ambiente nos afeta. Precisamos traçar um limite claro diante das influências externas. Uma das maneiras de delimitar o seu espaço diante das emoções e dos lados mais sombrios do outro consiste em estabelecer um bom contato consigo mesmo. As emoções do outro não me penetram tão facilmente quando estou comigo mesmo, quando sinto a mim mesmo. Às vezes basta colocar a mão no peito durante uma conversa, pois assim me recordo: "Não permito que as emoções negativas do outro invadam o meu coração. O problema é dele e com ele deve permanecer. Protejo o meu coração diante do ímpeto destrutivo do outro. Estou comigo mesmo".

A fonte interna

Ao retomar o episódio do Evangelho de João, onde Jesus exerce a cura, percebemos mais uma vez como lidar de modo saudável com tais situações. Jesus cura o homem sem limites, sem se dissolver em compaixão e lamentos. Dizem que Jesus sente compaixão ao curar doentes. Ele se abre para o outro através da compaixão e o acolhe. Muitas vezes isso é necessário, pois desta forma é possível entrar em contato com o coração do outro. No caso de uma pessoa sem limites, porém, esse tipo de abertura seria fatal. Seria mais adequado lançar mão de um método terapêutico que confronta. Jesus desafia o doente perguntando pelo desejo deste: "Queres ficar são?" (Jo 5,6). O doente precisa desejar a sua cura, não pode encarregar o terapeuta ou o diretor espiritual disso. O doente relata a Jesus a sua história de vida, explica-lhe por que está doente. A razão de sua doença reside no fato de que ninguém o ajuda. Ele se deu mal. Os outros vivem melhor do que ele. Jesus não considera essas explicações do doente. Ao invés de transmitir a ele o quanto o compreende, Jesus o confronta com uma ordem unívoca: "Levanta-te, toma o teu leito e anda" (5,8). A compaixão não serve de nada neste caso. Levaria o homem a se lamentar, mergulhando-o cada vez mais em sua falta de clareza. Jesus o confronta com a força que o habita apesar de sua doença. Acredita que o homem é capaz de se levantar e de andar com os próprios pés. Por isso dá tal ordem. O homem não deve se desfazer do leito, que representa sua própria insegurança e doença. Deve carregá-lo debaixo do braço. A doença, a fraqueza e a inibição não devem mais impedir que ele viva. Ao invés disso o homem precisa lidar de forma diferente com os seus bloqueios, de forma lúdica – levando o leito para passear. Ele pode se aproximar das pessoas apesar de se sentir inibido e inseguro. Ao invés de evitar a vida, deve se dirigir às pessoas com todas as suas inibições. Para isso precisa delimitar o seu espaço diante dos outros, evitando que os pensamentos e eventuais julgamentos destes o invadam. Deste modo viverá em função de si e não dos outros. Jesus não precisa mergulhar o doente na água para obter a cura, antes o coloca em contato com sua própria fonte interna, fonte esta que borbulha desde sempre dentro dele.

Submersos pelo caos

Muitas vezes a falta de limite é sinal de uma doença psíquica. No caso de pessoas psicóticas, a incapacidade de se autodelimitar assume não raro formas bizarras, como, por exemplo, no caso do delírio de perseguição. Um homem jovem relatou que até a sua urina estava sob a influência de uma determinada seita. Não estava mais seguro em seu próprio quarto. Os membros da seita estariam manipulando os seus pensamentos à distância. O delírio de perseguição nos faz acreditar que existe um sistema de escuta no telefone ou que alguém vai penetrar em nossa casa, apesar da tranca de segurança e do sistema de alarme. Todos nós conhecemos de modo mais ameno aquilo que a doença revela de modo drástico em sua forma mais concentrada. Nós também achamos que os pensamentos dos outros nos invadem, que as ideias predominantes de nossa sociedade nos infectam. Por vezes percebemos que não pensamos mais os nossos próprios pensamentos, e sim absorvemos aquilo que se aproxima de nós por todos os lados. Quando entramos em um grupo perdemos o nosso sentimento de identidade. Adaptamo-nos inconscientemente ao meio que nos circunda. Quando falamos assumimos a linguagem dos outros. Mergulhamos nas sensações dos outros e esquecemos o que verdadeiramente sentimos.

Pessoas sem limites sofrem nas sociedades atuais, pois estas se encontram impregnadas de estímulos. A partir da mídia, acontecimentos de outros países ultrapassam os limites de sua casa e de seu coração. As notícias de horror das regiões de guerra e crise do mundo as invadem e impedem que elas vivam a sua própria vida. Elas são determinadas por aquilo que vivenciam por intermédio da televisão. A compaixão em relação às pessoas maltratadas do mundo é sem dúvida um sentimento nobre, corro, no entanto, simultaneamente, o perigo de ser invadido por todo sofrimento do mundo e isso me impede de viver. Nesse tipo de situação precisamos ser capazes de estabelecer limites.

Estabelecer limites não significa tornar-se insensível em relação ao sofrimento do mundo. Significa antes determinar quando posso e quero acolher o sofrimento das pessoas e quando preciso simplesmente proteger-me para que possa viver neste mundo enquanto ser humano. Uma forma de determinar limites sem fechar os olhos diante do sofrimento do mundo é rezar pelas pessoas cujo sofrimento a mídia retrata. Ao rezar eu sinto com as pessoas, mas não absorvo todo o seu sofrimento. Transmito-o a Deus, com a esperança de que ele não abandone essas pessoas. Um outro caminho seria participar de algum projeto concreto, que ajuda a essas pessoas. Posso também apoiá-lo financeiramente. Devemos, porém, saber que a ajuda mais concreta também tem limites. Não é possível intervir diariamente a favor das inúmeras vítimas de violência e catástrofes naturais que a mídia nos apresenta.

9

Não sinto mais o meu limite

Sobre vícios e doenças psíquicas

A desmedida como risco

O vício não é apenas uma doença dos dias de hoje. O ser humano encontra-se desde sempre sob a ameaça da desmedida. No Evangelho de Lucas, Jesus nos conta do homem rico que esperava por uma boa colheita em suas terras. Preocupava-se, perguntando a si mesmo: "Que farei? Pois não tenho onde recolher os meus frutos". Disse então: Farei isto: derrubarei os meus celeiros e edificarei outros maiores, e ali recolherei todos os meus cereais e meus bens e direi a mim mesmo: "Tens em depósito muitos bens para muitos anos; descansa, come, bebe, regala-te" (Lc 12,17-19). A partir desse solilóquio, Lucas formula os nossos próprios pensamentos. À medida que prosperamos, desejamos aumentar cada vez mais as nossas posses. O homem rico representa as pessoas desmedidas, que jamais se satisfazem. Na verdade é o vício que se apodera do homem quando este decide derrubar os seus celeiros para construir outros maiores. Mas Deus lhe diz: "Insensato, esta noite te pedirão a tua alma; e o que tens preparado, para quem será?" (Lc 12,20). O homem acreditava poder aumentar infinitamente a sua fortuna para em seguida finalmente gozar a vida.

O homem representa a doença do vício. Pessoas viciadas sofrem de desmedida. Bebem sem parar. Logo que começam a beber, perdem a noção de seu limite. Uma mulher que sofria de bulimia relatou que, quando comia, perdia a sensação de limite. Não conseguia parar de comer. A questão não se limitou à compulsão em relação à comida. A falta de limite revelava-se também na incapacidade de estabelecer o seu espaço diante dos outros. Segundo o psicólogo Theodor Bovet o vício representa um substituto da mãe. O adicto fica estagnado no nível da criança. Não deseja abandonar o ninho, o país das delícias, onde pode ter tudo o que deseja. O vício consiste na falta de medida e na incapacidade de parar. Por isso tudo pode se transformar em vício. Os objetos do vício podem ser álcool, remédios, drogas, trabalho, cigarros, café, jogo, dinheiro, livros, relacionamentos, sexualidade. Karl Jaspers formulou a razão do vício em termos filosóficos. Disse que o vício oculta sempre "um vazio especial, acentuado". Trata-se frequentemente de vivências precárias em relação ao acolhimento materno. Por isso o psicoterapeuta húngaro Leopold Szondi, fundador da *Análise do Destino*, designa o vício "a eterna prótese da mãe ausente". Muitas vezes a pessoa adicta vivenciou o acolhimento materno quando criança. No entanto, não foi capaz de dar um passo para além desse acolhimento, em direção à realidade de um mundo que não realiza todos os seus desejos.

Vulnerabilidade e dependência

Pessoas que são muito sensíveis em relação a sentimentos desagradáveis ou que não suportam nem um tipo de frustração, são especialmente suscetíveis à distúrbios ligados ao vício. Essas duas características apontam para a incapacidade de se estabelecer limites. Pessoas viciadas são inundadas por sentimentos negativos e não sabem como proteger-se internamente contra os mesmos. Sendo assim são igualmente incapazes de estabelecer limites em relação ao mundo exterior. A dependência é um sinal do vício. Não é possível renunciar ao álcool, à comida, ao trabalho. Em última instância, a dependência é sempre um anseio reprimido. O ser humano anseia pelo amor e acolhimento absoluto. O viciado espera que o meio externo realize os seus desejos. Por isso necessita de cada vez mais dinheiro, drogas e afeto. Porém, todo reconhecimento, sucesso e dinheiro do mundo não irão satisfazer a necessidade de amor. Desse modo o viciado é insaciável. Concordo com a afirmação de André Gide: "O terrível é que jamais nos embebedamos suficientemente".

Os vícios que não são desencadeados por substâncias, como o vício em jogo, trabalho, relacionamentos, autoafirmação ou sexo são tão nocivos quanto a adicção em substâncias que nos conduzem à dependência de álcool e medicamentos. Atualmente, a sociedade chega a valorizar altamente o vício em trabalho. Acredita-se que os viciados em trabalho são especialmente eficientes e por isso muito proveitosos para a empresa. Quem é viciado em trabalho realmente trabalha muito, o resultado, porém, é pequeno. Por necessitar do trabalho não consegue dividir tarefas e, além disso, precisa preencher todo o seu tempo livre trabalhando. Não consegue suportar-se enquanto pessoa mediana. Afirma-se a partir de seu trabalho e se esconde por trás dele. Mas, por ele não estabelecer uma distância em relação a este, não consegue ser criativo, nem inovador. Agarra-se a ele, pois o necessita como um escudo que o protege contra questionamentos e críticas. A dependência do trabalho o impede de perceber os seus limites. Em algum momento o corpo se rebela. Pessoas viciadas em trabalho sofrem da Síndrome de Burnout. Sentem-se esgotadas e vazias ou adoecem de problemas cardíacos e de circulação sanguínea. Quem deseja ser sempre eficiente acaba sofrendo de uma incapacidade crônica para o desempenho. Quer realizar algo, mas simplesmente não consegue mais. O cansaço, a falta de estímulo e vontade constitui uma reação saudável da psique diante da necessidade exagerada de eficiência. Psicólogos estipulam que só na Alemanha existem mais de 200.000 pessoas viciadas em trabalho.

A renúncia que cura

Um bancário me contou o quanto lhe chocava a forma desmedida através da qual principalmente jovens tentavam obter lucros na bolsa. Acreditam poder comprar uma ação pela manhã e vendê-la pelo dobro à noite. Desse modo forma-se um verdadeiro vício. Muitos foram levados à ruína financeira através dessa falta de medida. A bolsa não faz milagres. Novamente torna-se evidente que aquele que não possui limites será arruinado por sua desmedida. Hoje em dia a capacidade de dizer não, de nos contentarmos com o que possuímos, diminui cada vez mais. A sociedade nos seduz a desejar tudo sem medida. A anorexia, tão difícil de ser curada, nos revela que podemos até jejuar sem medida. Jejuamos até a morte, pois queremos ser magros como a moça do comercial de televisão. Perdemos a medida para comer e jejuar.

A capacidade de renunciar é imprescindível para a cura do vício. Trata-se em última instância da capacidade de criar limites. Estabeleço limites quando como, bebo, trabalho, ganho dinheiro, compro e jogo. Faz parte do desenvolvimento saudável da criança aceitar os limites da realidade. O seio materno não está sempre à disposição da criança. Não há comida o tempo todo. Pessoas que não aprendem a renunciar não conseguem desenvolver um eu forte. O eu forte constitui, porém, a condição necessária para se defender contra os desejos movidos pelo vício. O viciado também possui uma autoimagem ilimitada. Sendo assim a cura do vício exige que nos avaliemos de forma adequada. Precisamos nos despedir da ilusão que somos os maiores, melhores e mais inteligentes, contentando-nos assim com o que somos, reconciliando-nos com a nossa estrutura e nosso caráter.

O caminho da transformação

Uma outra forma de curar o vício seria transformá-lo novamente em anseio. Ao nos viciarmos passamos a projetar os nossos anseios em coisas limitadas e dessa forma as sobrecarregamos. Nosso vício procura constantemente por novos objetos. Não podemos parar de beber e trabalhar. Quando, porém, dirigimos os nossos anseios a Deus, o único infinito, começamos a lidar com as coisas a partir da medida certa. Não esperamos que o vinho resolva os nossos problemas. Podemos simplesmente saboreá-lo. Percebemos, no entanto, ao mesmo tempo, que não é possível estar sempre eufórico, que a tristeza e a decepção também fazem parte de nós.

Deparamo-nos rapidamente com os nossos limites quando se trata de vícios determinados por substâncias químicas. Alguma hora o alcoólatra reconhece que está se matando através da bebida. No caso de outros vícios, como o jogo, o trabalho, o relacionamento não é tão fácil perceber tal fato. Mas também aqui o caminho à cura perpassa a transformação do vício em anseio. Preciso entrar em contato com o anseio que se oculta por trás da minha necessidade de trabalhar ininterruptamente. Trata-se do anseio por reconhecimento, importância, pelo êxito da minha vida? Ou será que se trata da fuga de minha condição mediana, da qual tento esquivar-me através do trabalho? Para São Benedito o trabalho constitui um importante desafio espiritual. Ele me oferece a possibilidade de reconhecer se estou me escondendo atrás do trabalho, abusando dele enquanto vício ou se este emerge da fonte interna do Espírito Santo. Quando o trabalho emerge da fonte do espírito divino, posso trabalhar muito, sem me sentir exausto. Nessas horas o meu trabalho tem um quê de lúdico e não irradia a dureza e agressividade daqueles que nele se viciam. Quem trabalha a partir de uma fonte pouco clara, da fonte de sua ambição, de sua exigência de perfeição ou de seu vício, polui o seu entorno com os seus desejos reprimidos. Posso perceber que fonte me move, quando observo os meus sentimentos e o meu corpo durante o trabalho.

Para São Bento o trabalho é limitado através da oração e meditação, do ócio e das refeições em conjunto. Bento esboçou uma ordem diária para os monges, onde cada necessidade possui a medida certa. O trabalho é limitado de forma externa e dessa forma o monge encontra o seu lugar. Quem não consegue parar de trabalhar revela não possuir medida. Em algum momento o corpo se rebela e força a pessoa a aceitar o seu limite. Para muitos isso é difícil, pois acreditam que precisam esgotar ao máximo o seu corpo para cumprirem o que lhes é exigido em termos de trabalho. Por vezes, somente a morte consegue impor limites. Assim sucedeu ao homem na parábola de Jesus. Na mesma noite Deus exigiu de volta a sua vida. Todo o seu planejamento foi em vão.

A perda de noção

Não apenas as pessoas viciadas perdem a noção de seu limite. O mesmo acontece a pessoas com tendências psicóticas. Um jovem homem sofre de esquizofrenia. Durante um tempo tudo vai bem. Ele participa de uma festa com parentes e amigos e conversa normalmente com as visitas. Mas de repente ele perde o controle. Sua mãe percebe que ele ultrapassou a sua medida, procura afastá-lo das pessoas e tenta sair da festa com ele. Ele, porém, afirma estar gostando muito e que deseja permanecer por mais um tempo. Mas isso significa que ele vai sofrer mais um surto. Sua doença consiste na incapacidade de perceber o seu próprio limite. Ele só consegue se comunicar durante um tempo com outras pessoas. Depois perde o foco e não nota quando o contato com os outros deixa de ser benéfico. Ele não percebe que precisa estar sozinho em determinados momentos.

Esse tipo de falta de limite também é característico da mania. Pessoas maníaco-depressivas perdem toda e qualquer forma de limite quando entram na fase maníaca. Encomendam quantidades enormes de material, uma quantidade que elas jamais necessitarão, nem podem pagar. Trabalham sem parar. Não precisam mais dormir.

Estão totalmente despertos e acreditam que não é preciso descansar. Pessoas maníacas aterrorizam as pessoas ao seu redor. Tememos constantemente de elas cometerem algum ato grave, metendo-se em apuros. Elas, por sua vez, acreditam que tudo está sob controle. Às vezes a mania também se revela a partir da verborreia. Temos a impressão de que a pessoa não precisa respirar. Não há brecha, não podemos falar nada, pois ela fala ininterruptamente e não cede a palavra a ninguém.

Por vezes encontramos pessoas sem limites durante o acompanhamento. Elas não têm noção de como se dá uma conversa nesse âmbito. Falam de si, a partir de um monólogo interminável, para em seguida inverterem os papéis. Tornam-se o terapeuta do acompanhante. Perguntam sobre o bem-estar dele, dizem que ele está pálido ou se aproximam corporalmente. Ultrapassam o limite. Esse tipo de situação é muito desagradável para o acompanhante. Pessoas sem limites nos provocam a zelar especialmente por nosso espaço, caso contrário, temos a impressão de perder a nós mesmos. No entanto, é bastante exaustivo defender o nosso espaço diante de pessoas invasivas. Os acompanhantes permitem que o outro despeje toda a sua verborreia em cima dele e não sabem como apontar para o fato de seu tempo ser limitado. Aborrecem-se por ter falado demais com o cliente, pois isso não lhes faz bem. Algumas pessoas começam a falar sobre questões realmente importantes, exatamente no momento no qual o acompanhante pretende encerrar a conversa. A conversa estava se arrastando, mas logo que o cliente percebe que o seu tempo se esgotou, desata a chorar amargamente impossibilitando assim que o terapeuta encerre a sessão. É necessário que haja uma boa percepção em relação ao próprio limite para permanecermos firmes e atentos quando pretendemos demarcar o nosso tempo.

A perda de noção em relação ao próprio limite, perda essa que não ocorre somente em casos patológicos, e sim constela-se como um problema de nossa sociedade, fica evidente através do sucesso de muitos *talk-shows* televisivos. Nestes, pessoas revelam sua intimidade a um público enorme. A intimidade é exibida publicamente, através de uma sequência de vários capítulos, seguindo assim o padrão de repetição que encontramos no vício. Os moderadores seduzem os seus convidados a revelarem o máximo de sua privacidade. A palavra privado significa aquilo que está separado, delimitado, que existe por si só. Quando se dissolve o limite entre o privado e o público, os espectadores tornam-se *voyeures* sedentos de satisfazer os seus vícios em relação à intimidade de pessoas estranhas. Não são mais capazes de uma intimidade própria, mais refinada. Esse tipo de intimidade é nocivo para espectadores e atores. É um sinal da patologia de nosso tempo.

10

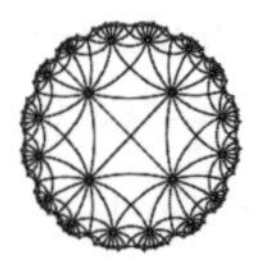

Assumir os próprios limites

Sobre o ato de reprimir e a sinceridade

Falsos ideais

Trata-se sempre de um processo doloroso quando reconhecemos a nossa própria limitação e a admitimos para nós mesmos. Via de regra, acreditamos poder render mais, pois somos capazes de trabalhar tanto quanto o nosso colega de trabalho ou amigo. Também não necessitamos dormir muito, assim como os outros. Não desejamos admitir os nossos limites, pois talvez isso nos faça sentir inferiores aos outros. Teríamos que confessar que os nossos recursos físicos e psíquicos são limitados, e que a nossa capacidade profissional e pessoal também não é infinita. Não podemos enfrentar qualquer tipo de conflito. Precisaríamos aceitar e admitir a nós mesmos que as nossas capacidades são limitadas: nem toda pessoa sabe lidar com os outros; quem sabe, não somos tão aptos assim a sentir o outro, a solucionar conflitos, a enfrentar problemas. Igualmente, muitas pessoas sentem dificuldade de assumir as suas limitações financeiras. Sempre gastaram muito dinheiro durante as suas férias e de repente precisam poupar dinheiro e admitir perante os outros que simplesmente não podem pagar determinadas viagens. A confissão de nossos limites é dolorosa e exige humildade. Humildade significa ter coragem para enfrentar a verdade, descer para a realidade de nosso corpo e de nossa alma, para a realidade de nossa constituição psíquica.

Preferiríamos cerrar os olhos perante os nossos limites, assemelhando-nos desse modo ao homem que nasce cego, do Evangelho de João (9,1-12). Naturalmente preferiríamos nos identificar com a imagem ideal que construímos acerca de nós mesmos. Trata-se do ideal da pessoa amável, prestativa, que gosta de escutar os outros e que interfere quando alguém se encontra em apuros ou trata-se do ideal do colega de trabalho altamente prestativo, do qual se pode exigir muito, que não recusa nenhuma tarefa e nada teme. Identificamo-nos com a imagem do ser humano, que tem tudo sob controle, realiza tudo o que se propõe, do jovem homem bem-sucedido, da jovem mulher dinâmica e segura de si. Mas a identificação com o nosso ideal nos torna cegos em relação a nossa realidade. Por vezes arriscamos por muito tempo a nossa saúde. Alguma hora o nosso corpo denuncia claramente que tal atitude já não é mais possível. Trata-se, por exemplo, do caso de uma professora que acredita ser imprescindível para a sua escola. Até se queixava de estar sobrecarregada, mas não tinha coragem e determinação suficiente para considerar os sinais de seu corpo e de sua alma. Consequentemente a sua pele "entrou em greve" e ela teve que se ausentar durante um ano do trabalho escolar para cuidar de sua pele ferida e para se curar. Por não aceitar o seu próprio limite, seu corpo revelou a sua real situação de modo violento e a confrontou com as suas limitações. Dessa forma, precisou ausentar-se por muito mais tempo do colégio, do que se tivesse reduzido a sua carga horária a tempo.

A cura do cego

Quem desconsidera demasiadamente a sua própria verdade, ignorando assim a realidade, torna-se gradativamente cego para esta. Podemos imaginar o homem que nasce cego e que é curado por Jesus como alguém que não é capaz de encarar a sua realidade desde o nascimento, por esta ser cruel demais. Sendo assim, o ato de não olhar foi essencial para a sobrevivência de sua alma. Ele não teria suportado olhar para a brutalidade e o desconsolo de sua existência quando criança. Em algum momento, porém, o ato de reprimir acaba limitando a vida. O peso do sofrimento passa a exigir a busca pela cura. Conheci uma mulher que sempre amenizou os fatos de sua infância. Existia, no entanto, algo nela, que sempre gerava conflitos com as pessoas ao seu redor. Começou a procurar por ajuda apenas quando conseguiu admitir a si mesma que, em função da pobreza do período pós-guerra, a sua infância foi desolada. Antes acreditava que os seus problemas eram culpa dos outros. Por muito tempo não pôde enxergar a sua infância da maneira como realmente foi, pois teria perdido o chão. A ideia de uma infância intacta era a sua única segurança. Não devemos nos adiantar a julgar tal fato. Por vezes a única estratégia que nos resta é fechar os olhos. Crianças por vezes fecham os olhos, por acreditarem que assim os outros não as veem, que estão a sós. Não raro atuam desse modo quando se arrependem de ter feito determinada coisa, quando não querem que os outros vejam o que elas fizeram. Fechar os olhos, porém, não é uma solução para pessoas maduras. Em algum momento não vemos mais nada, já que fechamos os olhos permanentemente.

Jesus cura o homem à medida que cospe no chão, no húmus, e mistura a sujeira com a sua saliva. Passa essa mistura nos olhos do cego como se quisesse dizer: "Reconcilia-te com aquilo que não é belo, com a 'sujeira' existente também em ti. Aceite que foste tomado pela terra e que esta te pesa. Apenas quando aceitares a tua condição terrena, apenas quando te reconciliares com a imundice que te habita, serás capaz de enxergar de verdade e ver a realidade assim como ela é". A partir da mistura de húmus e terra, Jesus ilustra o que significa *humilitas*, humildade. Trata-se da coragem de aceitar a minha condição terrena, de perceber a sujeira que existe dentro de mim e de fazer as pazes com esta. O ser humano, no entanto, será capaz de aceitar a sua própria "sujeira" e de se reconciliar com o seu lado sombrio, apenas quando a sujeira contém o amor e o carinho, que Jesus garante ao cego a partir de sua saliva. Jesus passa carinhosamente a mistura de sujeira e saliva nos olhos do cego, transmitindo-lhe desta forma: "Podes ser do jeito que és. A sujeira também faz parte. Precisas olhá-la com carinho". *Humilitas* também tem a ver com humor. Quem se aceita do jeito que é, está plácido. Consegue rir de si, tem humor. Humildade significa encontrar-se conectado com o chão. Estou com os dois pés no chão, não alçarei voo, nem construirei castelos no ar. Quem se encontra no chão, assume os seus limites. Reconhece sua condição terrena e o fato de suas possibilidades serem limitadas.

A coragem de aceitar a verdade

Necessito de coragem para olhar de forma aberta e sincera para a história de minha vida e para admitir as minhas feridas. As feridas de minha infância mostram claramente que não devo esperar milagres. As feridas podem ser transformadas e sarar, porém apenas quando eu as admito para mim mesmo. Em um primeiro momento, a aceitação de minhas feridas exige que eu assuma as minhas limitações. Caso tenha me sentido abandonado enquanto criança, recordarei tal fato a cada despedida na vida adulta. Por isso terei dificuldades em me despedir. Ao saber disso e à medida que reconheço tal fato como uma realidade que faz parte de mim, não devo sobrecarregar-me procurando sempre por algo novo. Necessito de acolhimento para que a criança interna possa crescer e tornar-se estável o suficiente para ousar despedidas. As feridas revelam limites que não podem ser desconsiderados por mim. Caso feche os olhos perante tal fato, forçando-me o tempo inteiro a extrapolar os meus limites, fracassarei repetidamente. Por não ousar abrir os olhos por conta própria, o fracasso os abrirá de modo doloroso.

No âmbito profissional, deparamo-nos não raro com pessoas que se recusam a reconhecer os seus limites. Salta aos olhos que estão com dificuldades de preencher as exigências de seu emprego novo, mas se julgam extremamente capazes. Às vezes procuram seu chefe para exigir um aumento por seu desempenho que acreditam ser acima da média. Não é fácil confrontar esse tipo de pessoa com os seus limites. Todos os funcionários da empresa percebem que o colega de trabalho está sobrecarregado. Ele, porém, acredita ser o funcionário mais eficiente. Parece necessitar desta cegueira para não enfrentar a sua condição mediana. Nessas horas alguém precisa dizer-lhe, assim como Jesus, claramente a verdade, sem, no entanto, deixar de ser amoroso. Isso o ajudaria a se reconciliar com o fato de ele pertencer apenas à terra e de não ser nenhum ser fabuloso.

Durante o acompanhamento, o ato de encorajar o outro a se reconciliar com os seus limites frequentemente se configura como um trabalho árduo. Muitas pessoas não querem admitir a sua realidade. Julgam os seus problemas fruto de seus relacionamentos complicados. Acham que se sentem mal, pois os outros não os compreendem e por estes serem imaturos e rígidos. Não conseguem viver em paz consigo mesmos, porque os outros não se dedicam a eles. Constroem toda uma teoria sobre o seu estado no intuito de escapar da própria realidade. E se agarram às construções de sua imaginação, mesmo quando um observador consegue detectar rapidamente que eles sempre responsabilizam o outro pelo seu estado ao invés de assumirem a responsabilidade. Mas logo que o acompanhante comunica as suas observações e os seus sentimentos, aquele que está sendo acompanhado tenta interpretar tudo de um modo que se encaixa na sua visão ou então procura novas razões para justificar o seu comportamento e rejeitar as observações do acompanhante como inadequadas. "Vá a Siloé e lava-te", disse Jesus ao homem cego. Em casos como estes precisamos ser, assim como Jesus, amáveis e ao mesmo tempo consequentes e diretos, para encorajar aqueles que fecham os olhos diante da realidade a lavarem os olhos. Isso significa enxergar as coisas da maneira que elas são.

Por vezes pessoas que procuram o acompanhamento conseguem falar abertamente sobre si mesmas. Ao mesmo tempo, porém, transmitem-nos a impressão de não estarem em contato consigo mesmas. Gostaríamos de sacudi-las, no intuito de elas conseguirem sentir-se e encarar a sua realidade. Porém, quanto mais desejamos pressioná-las a perceberem os seus sentimentos, mais elas se fecham. Falam de seus sentimentos, mas o fazem de forma mental e não permitem que as suas emoções surjam. Temos a impressão de que elas exercem o papel do aluno bem disposto e bonzinho. Encontram-se, no entanto, afastadas de si mesmas. Diante de um cliente desta espécie, o acompanhante precisa ser muito paciente e benevolente. Necessita libertar-se da ambição de conduzir o outro, a qualquer preço, à sua verdade. Quando, no entanto, permanece tal qual Jesus, amável diante do cego, as portas poderão abrir-se. Talvez outro tome coragem para lavar-se no "Lago de Siloé". Conseguirá abrir os olhos ao lado daquele que lhe foi enviado (é este o significado de Siloé) e desse modo enxergará a realidade como ela é.

11

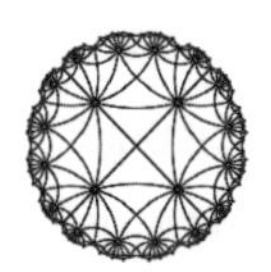

Quando as coisas se excedem

Sobre sentimentos de culpa e aborrecimentos desnecessários

O retraimento saudável

Como reagimos quando as coisas se excedem, quando já não damos mais conta de algo ou não sabemos mais como prosseguir? Esse tipo de situação não se refere apenas a nós. Nessas horas é decisivo aprendermos a assumir os nossos limites. Conforme o relato de Lucas, Jesus frequentemente se retrai, se afasta de seus discípulos e dos seres humanos em geral, para rezar. Conforme o capítulo seis: "Naqueles dias retirou-se para o monte a fim de orar; e passou a noite toda em oração a Deus". Jesus sente que necessita de tempo para si, um tempo que não deve ser perturbado por ninguém. Por isso, ele se recolhe na solidão. Não se queixa de ser sempre exigido, que todos desejam algo dele. Toma simplesmente uma atitude, afasta-se das pessoas, sobe em uma montanha. Lá, no meio da solidão, encontra a liberdade que necessita e entra em contato com sua fonte interna através da oração. Ele experimenta a unidade com o Pai, que o protege de ser "devorado" pelas pessoas. Após passar a noite toda orando sozinho, ele escolhe os doze apóstolos entre os seus discípulos. A oração lhe revelou que ele precisa dividir a sua tarefa com outros no intuito de não ferir o seu limite. Assim como Moisés, Jesus admite o seu próprio limite. Moisés convocou um senado para aliviar-se, Jesus elegeu apóstolos e os enviou para as cidades vizinhas para que eles propagassem a sua missão e curassem os enfermos. Confia-lhes as tarefas, antes realizadas por ele mesmo. Jesus – o Filho de Deus – admitia os seus limites.

Por vezes, o confronto com os nossos limites provoca sentimentos de culpa. Por isso, muitos não ousam fazê-lo e se esquivam. Pensam: "Quem sabe, posso ajudar mais essa pessoa. Talvez possa proferir a conferência assim mesmo". Ou permitem que uma outra pessoa lhes faça sentir culpados: "De repente você se tornou egoísta. Só pensa em você". É quase impossível defender-se em um caso destes. E já que os sentimentos de culpa jamais são agradáveis, eu os evito. Prefiro realizar todos os desejos das pessoas a minha volta. Para evitar sentir-me usado, acabo dizendo a mim mesmo que este é o desejo de Deus, pois afinal de contas estou fazendo algo bom. Necessitam de mim e eu o permito. Além disso, ainda tento elevar a minha incapacidade de estabelecer limites para um plano superior, transformando-a em virtude e dela me orgulho. Essa postura, no entanto, acaba-se voltando contra mim. Sou alcançado pelo meu limite em algum momento e torno-me agressivo. Ficarei zangado com todas as pessoas que querem algo de mim. Esta reação constitui igualmente, um sinal para o fato de eu estar desconsiderando o meu limite. Prefiro aborrecer-me com os outros do que admitir a minha própria limitação.

Esclarecer sentimentos de culpa

A coordenadora de um asilo dedicou-se excessivamente aos idosos daquela instituição. Ultrapassava os seus limites o tempo inteiro. Justificava, porém, a sua atitude alegando que se tratava do desejo de Jesus, pois este dizia que devemos cuidar dos pobres e enfermos. Ela ocultava os seus desejos reais à medida que utilizava a religião como justificativa. Na realidade exauria-se de tal maneira, pois ansiava por reconhecimento. Assumir tal fato, contudo, exigiria humildade. É bem mais fácil esconder a necessidade de reconhecimento por trás de uma ideologia que soa positiva. A alma desta mulher, no entanto, rebelou-se, indicando que a sua necessidade espiritual não partia do desejo de Deus e sim de um anseio de ser querida pelos outros. Essa questão a conduziu ao acompanhamento espiritual. Relatou não conseguir mais sentir o seu próprio coração, de ter perdido o sentimento para a linguagem de sua alma. Já não era mais capaz de seguir a sua voz interna. A ideologia piedosa tampou os seus ouvidos e desse modo não ouvia mais as vozes suaves de Deus que a habitavam. Nesse tipo de situação devemos lembrar-nos de que Jesus passou uma noite inteira em cima de uma montanha, no intuito de se abrir para a oração e de ouvir a voz de Deus no meio do silêncio e da solidão.

Um prefeito muito ocupado escreveu em uma carta que chegou ao seu limite físico e psíquico. Gostava do seu cargo e estava satisfeito em poder ajudar as pessoas. Sentia, todavia, que não desejava mais engajar-se em questões não regionais. Sendo assim, os seus colegas de partido acusaram-lhe de egoísmo e de pensar somente em si. Faziam uso até de argumentações do âmbito religioso, alegando ser o desejo de Deus que ele assumisse a responsabilidade pela sociedade. Essas acusações o fizeram sentir-se culpado. Quem sabe, Deus quisesse que ele se engajasse para as pessoas além das fronteiras. Todos nós nos tornamos receptivos quando alguém aposta em nós. Além disso, tendemos a internalizar os sentimentos de culpa que os outros nos impõem. Mal conseguimos defender-nos. Mesmo assim precisamos suportar tal situação. Apesar de os sentimentos de culpa nos torturarem, e exatamente por isso, precisamos enfrentá-los, assumindo simultaneamente os nossos limites. Não possuo nenhuma garantia se devo ou posso me engajar ainda mais. Não posso dizer com certeza qual o desejo de Deus. Devo me permitir, no entanto, seguir a minha própria intuição. Caso sinta uma resistência forte diante da possibilidade de assumir mais responsabilidades, posso confiar que se trata do desejo de Deus. Eu mesmo sei a respeito de minha medida e não posso permitir que ela seja determinada por outros. Devo defender o meu limite, arriscando ao mesmo tempo que os meus colegas de partido, preocupados com os seus próprios interesses, ou aqueles que me circundam, acusam-me de egoísmo.

Possivelmente, as pessoas do meu entorno intuem como me convencer. Basta me elogiarem e dizerem que não existe ninguém que faça as coisas tão bem quanto eu. Eu, por minha vez, permito imediatamente que me convençam a fazer algo que jamais teria feito, caso tivesse tido a oportunidade de meditar sobre o assunto. Os outros percebem onde se encontra o calcanhar de Aquiles através do qual é possível acessar-me. Acabo aborrecendo-me com eles. Zango-me com todas essas pessoas que querem algo de mim. Mas se eu for sincero, perceberei que na realidade estou zangado comigo mesmo. Os outros têm o direito de me perguntar se posso fazer determinada coisa. Eu por minha vez tenho o direito de dizer não e de me recolher quando necessário. Não preciso desculpar-me por isso, não preciso prestar contas. Um padre protestante, no entanto, vivenciou o quanto é difícil escapar da pressão que nos leva a nos justificar. Desejou, durante anos, agradar a todos na comunidade. Agora, porém, descobriu a contemplação. Sentia a profunda necessidade de silêncio e de orar, o que provocou intensos conflitos com a comunidade. Não compreendiam que o seu padre precisava de tempo para a oração. Através da oração ele descobriu o que realmente importava. Não permitia mais que "a junta de paróquia", que representava um tipo de cristianismo bastante aburguesado, impusesse-lhe os seus pontos de vista. A oração o tornou sensível para o que Deus deseja de uma comunidade atualmente e para os reais anseios e necessidades dos seres humanos. Naturalmente ele se tornou menos vulnerável em relação aos desejos dos outros.

Uma mulher disse não entender-se mais com sua mãe, por esta ter constantes exigências e expectativas em relação a ela. A mãe exigia que a visitasse toda semana e que lhe ligasse todos os dias. "Estou sobrecarregada. Já me aborreço durante a viagem à casa dela. Basta ela dizer alguma coisa e já estou com muita raiva. Nessas horas grito com ela. E logo depois me arrependo." Disse a essa mulher: "Por que se chateia com sua mãe? Ela pode ter expectativas. É o direito dela. Mas você pode dizer não. Precisa decidir quais expectativas você quer atender e quais não. Você não pode encarregar a sua mãe desta decisão". A mulher não conseguia dizer não, pois queria ser a filhinha queridinha da mamãe. Por não se proteger e não aceitar os seus limites direcionou a sua raiva à mãe. Na realidade estava decepcionada consigo mesma. Podemos nos orientar pelo comportamento de Jesus. Ele jamais se queixa em relação ao fato das pessoas quererem algo dele. Assume e protege os seus limites. Faz o que necessita no momento presente. Não se justifica perante os outros e segue o seu sentimento interno.

Intuir o que é possível para mim

Na tradição beneditina nos deparamos com uma sensibilidade bem desenvolvida em relação à forma através da qual devemos lidar com dificuldades e com regras irrevogáveis, vigentes também nos dias de hoje. Nesse sentido São Bento, o fundador da ordem beneditina, adverte o zelador, quer dizer, aquele que é responsável pelas diversas questões administrativas do convento, para procurar por ajudantes quando se tratar de uma comunidade maior. Ele deve delegar e dividir responsabilidades, para que possa exercer o cargo confiado a ele com tranquilidade. A palavra latina aqui empregada é *aequo animo* – "com serenidade". Trata-se de um conceito da filosofia estoica, que se preocupa em manter sempre a paz e a tranquilidade interna ao invés de se deixar levar pelas emoções. A filosofia estoica está convencida de que somos responsáveis por nós e por nossos limites. Podemos trabalhar em paz, quando não nos sobrestimamos, nem sobrecarregamos, dividindo as nossas tarefas de modo justo. Jamais devemos culpar os outros quando nos aborrecemos. Em última instância, somos responsáveis pelos nossos aborrecimentos. Estamos aborrecidos conosco mesmos por não termos assumido os nossos limites. Quando desejamos obter um equilíbrio anímico não basta limitarmos a medida do nosso trabalho. É preciso mudar simultaneamente de atitude. Não podemos permitir que o outro transgrida o nosso limite interno. Tudo que fazemos toca as nossas emoções. O trabalho e todos os conflitos que o envolvem jamais devem ultrapassar o limite do santuário de nossa alma. A responsabilidade é nossa, não podemos transferi-la a ninguém. São Bento sabia que era necessário incentivar o zelador a assumir claramente os seus limites. Necessito ser humilde, quando desejo intuir o que posso exigir de mim mesmo e o que devo delegar.

12

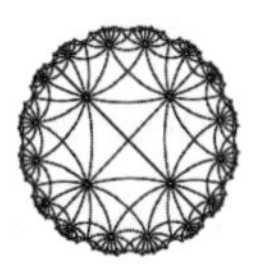

Estratégias de delimitação

Sobre a necessidade de se proteger

"Jesus tira férias"

Jesus enviou seus apóstolos para que eles convocassem as pessoas à conversão, exorcizassem demônios e curassem doentes. Os apóstolos voltavam muito orgulhosos de sua missão, relatando os seus feitos. Podemos imaginar como as palavras brotam de suas bocas, o caos que se dá porque todos desejam falar de seus atos heroicos. Jesus toma uma atitude e diz aos apóstolos: "Vinde vós, à parte, para um lugar deserto, e descansai um pouco. Porque eram muitos os que vinham e iam, e não tinham tempo nem para comer. Retiraram-se, pois, no barco para um lugar deserto, à parte" (Mc 6,31-32).

Jesus desenvolve uma estratégia de se delimitar. Ele reconhece que não pode rejeitar todos os pedintes. É muito dispendioso dizer não a todos e explicar o tempo inteiro que nesse momento necessita de tempo para si. Assim se dirige com os apóstolos a um lugar tranquilo onde pode estar a sós com eles. Neste lugar poderão relatar com calma as suas experiências, descansar e reabastecer as forças. Jesus então procura por um espaço externo de proteção para se autodelimitar diante das pessoas. Necessita-o para estar a sós com os apóstolos e ter tempo para a troca. Jesus também tem necessidades e não pode ser sobrecarregado de modo ilimitado. Um livro infantil expressou tal fato de forma humorística. O nome do livro é *Jesus tira férias*. Relata que Jesus se exauriu e decide deixar temporariamente o seu cargo para ter mais tempo para si. Passeia pelo campo e prazerosamente descansa a vista. Faz o movimento de estrela e se alegra com o seu movimento. Enxerga o nascer e o pôr do sol com outros olhos. De repente, porém, sente-se culpado, pois acredita que deveria estar disponível para as pessoas. Estas necessitam dele. Seu pai celeste, no entanto, mostra-lhe que em todos os lugares onde executou cheio de alegria os movimentos de estrela nasceram fontes. E lá onde ficou parado desabrocharam flores. Percebe então que o seu tempo livre não foi em vão, e sim, trouxe mais bênçãos do que todo seu esforço.

Ajudas concretas

Aborreço-me a cada vez que permito que alguém me convença a fazer algo que a princípio não queria. Com o passar do tempo desenvolvi algumas estratégias que evitam que me aborreça comigo mesmo e me ajudam a delimitar melhor o meu espaço. A primeira estratégia é jamais confirmar de imediato alguma coisa por telefone, e sim, pedir um prazo para pensar. Desse modo ganho tempo para ordenar os meus sentimentos. Por que deveria aceitar? Faz sentido ir para tal lugar? Estou com vontade para tal? Tudo em mim se recusa? Será que estou me sentindo usado? Considero assim os meus sentimentos e quando estes são de negação e resistência, consigo desmarcar o compromisso com tranquilidade.

Outra estratégia seria reservar "horários-tabus" para mim. Antigamente chegava a aceitar consultas domingo à tarde. Não havia razão de negar o pedido de alguém que queria conversar. Agora reservo a tarde de domingo e uma noite para mim. Quando alguém me procura com algum pedido posso dizer tranquilamente não. Nestes horários não aceito nada. Trata-se da minha hora de recolhimento onde não estou disponível. Todos nós necessitamos de zonas de tabu em nossas vidas. Essas zonas devem possuir um caráter sagrado para nós. O sagrado é aquilo que não é acessível para o mundo. Para proteger tais zonas podemos recorrer aos rituais. Estes criam um espaço que se encontra livre das exigências alienantes que nos assaltam constantemente. O tempo reservado para mim é sagrado no sentido de ele possuir um valor com o qual nenhum outro valor possa concorrer. Nessas horas posso respirar aliviado, entro em contato comigo mesmo e com Deus. Sinto então como me torno são e inteiro. O tempo sagrado me faz bem. Sara as minhas feridas e clarifica aquilo que existe de obscuro em mim.

Deus presenteou o povo de Israel com o Sabat sagrado. O Sabat existe para que o povo descanse e se livre do terror dos compromissos. Mas Deus também intima o povo a consagrar o Sabat. O sagrado precisa ser protegido. Caso contrário, perde o seu efeito curativo. Para os cristãos o domingo é o dia sagrado. Torna-se cada vez mais importante mantermos o caráter sagrado deste dia, nos tempos de hoje, onde interesses econômicos e tendências sociais tendem a esvaziar cada vez mais o domingo. Devemos protegê-lo no sentido de ele representar um tempo no qual ninguém pode determinar aquilo que devemos fazer, onde podemos ocupar-nos com aquilo que faz bem a nossa alma e ao nosso corpo. Muitos preenchem o domingo com as mais diversas atividades. Dessa forma falsificamos o sentido do domingo, dia este no qual delimitamos conscientemente o nosso espaço diante dos outros e das tarefas e expectativas que o meio externo leva até nós.

Uma terceira estratégia seria consultar-se com uma outra pessoa a respeito dos pedidos de alguém. Nessas horas, percebo mais claramente qual a importância do pedido. À medida que me comunico com outros, percebo se continuo me mantendo no padrão de sempre, principalmente no padrão de agradar a todo mundo. Quando falo para um grupo sobre determinado pedido, este me fornece informações importantes, que revelam claramente qual poderia ser o jogo do pedinte. Percebo então que este grupo também já se consultou com outros. Dou-me conta da forma a partir da qual ele age e assim podemos refletir conjuntamente sobre como agir diante de tais jogos. Durante o telefonema tive a impressão de que proferir tal palestra ou determinado curso seria a coisa mais importante do mundo. Mas ao falarmos no grupo sobre o pedido, percebemos o quanto a exigência do pedinte é confusa e quão relativa a sua necessidade. Desejava apenas exercer pressão para que eu me sentisse culpado. Na realidade ele mesmo não sabe o que deseja. A supervisão também constitui um lugar onde podemos refletir sobre determinados pedidos. À medida que relatamos aos outros como lidamos com os nossos horários, percebemos que ainda não somos suficientemente conscientes e determinados.

Critérios de esclarecimento

Tais estratégias me ajudam a delimitar o meu espaço de forma mais concreta, pois não são sujeitas ao acaso e nem se aplicam apenas a situações específicas. Presumem um real esclarecimento daquilo que quero e posso. Quando não possuo estratégia, o desejo de me autodelimitar muitas vezes não sai do papel, não se torna realidade. É obvio, no entanto, que as estratégias também não são inabaláveis. Não devemos julgá-las absolutas.

Jesus também passou pela experiência de sua estratégia de autodelimitação nem sempre ser eficiente. Marcos relata: "Muitos, porém, os viram partir, e os reconheceram; e para lá correram a pé de todas as cidades, e ali chegaram primeiro do que eles" (Mc 6,33). Assim a clausura e o recolhimento com os apóstolos fracassaram. As pessoas não respeitaram os limites de Jesus. Consideraram as suas próprias necessidades absolutas. Queriam ver esse tal de Jesus a qualquer preço. Aparentemente obtiveram sucesso. Jesus compadeceu-se deles: "porque eram como ovelhas que não têm pastor; e começou a ensinar-lhes muitas coisas" (6,34). Parece que ele também estava dividido entre a sua necessidade de ficar a sós com os seus apóstolos e o seu saber a respeito da real carência das pessoas que foram conduzidas a ele a partir de uma necessidade interna. Não conhecia ninguém que poderia reagir de forma adequada frente a essas necessidades. Sentia-se impelido por Deus a abrir os olhos dessas pessoas em relação àquilo que existe de essencial e de falar a elas de um Deus que as ama incondicionalmente. Desejava abrir para elas um caminho que conduz a vida, pois caso contrário iriam perder-se.

Deparamo-nos com esse tipo de tensão sempre que desejamos impor limites. Muitas vezes os desejos daqueles que querem algo de nós são absolutamente justos. Será que devemos negligenciar as nossas próprias necessidades para nos envolver com aqueles que realmente precisam de nossa ajuda? Não podemos simplesmente reprimir esse tipo de pergunta. Devemos enfrentá-las. Será, no entanto, de grande ajuda se dermos ouvidos aos nossos sentimentos. Será que me liberto internamente quando me despeço de minhas próprias necessidades para me dedicar aos outros seres humanos?

Ou algo em mim resiste? Será que intuo que estão apenas me usando? Estou caindo na armadilha de me sobrestimar, acreditando que sou o único capaz de ajudar? Trata-se de um chamado real de Deus? Ou será que estou me identificando com o arquétipo do profeta, missionário ou quem sabe até redentor? Acredito eu que as pessoas necessitam de mim, pois estou proferindo uma mensagem excepcional? Existe uma linha muito tenra entre a necessidade de seguir o chamado de Deus e a fantasia de que as pessoas dependam do meu trabalho e daquilo que tenho a dizer. Jamais terei certeza se estou agindo corretamente, é preciso conviver com essa insegurança. Às vezes eu preciso suportar que me xinguem. "O senhor escreve livros tão belos, mas não tem tempo para mim. O senhor prefere deliciar-se com o seu sucesso ao invés de se envolver com alguém que realmente necessita de sua ajuda." Sinto que esse tipo de frase tende a provocar sentimentos de culpa em mim, mesmo quando sei que se trata de uma forma sutil de se exercer poder. Naturalmente jamais posso afirmar estar realizando o desejo de Deus a partir de uma determinada decisão. Posso dizer apenas que no presente momento não posso ou não quero. Não posso controlar o fato de o outro me entender ou não e devo suportar a sua decepção ou agressão.

13

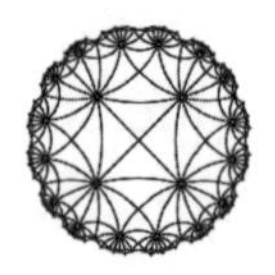

Limites criam relacionamentos

Sobre o medo da perda de amor e sobre o amor que tem êxito

Uma nova qualidade de relação

A razão principal pela qual muitas vezes sentimos tantas dificuldades em estabelecer limites deve-se ao fato de temermos nos tornar malquistos, de sermos rejeitados, de atrapalhar ou até interromper um relacionamento. Na realidade trata-se do oposto: a afirmação de nossos limites cria relacionamentos saudáveis. Já passei pela experiência do outro compreender e respeitar o meu não. O não se configurou como possibilidade de conversarmos sobre a minha situação e a do pedinte de forma sincera, o que não teria ocorrido caso eu tivesse dito sim imediatamente. A negação não significa uma rejeição do outro, e sim, possibilita estabelecer um tipo de relação mais benéfica tanto para mim quanto para ele. Certamente me tornarei popular caso diga sempre sim. O automatismo de dizer sim, no entanto, impossibilita uma relação mais saudável. Quando estabeleço claramente os meus limites, posso encorajar os outros a definirem os seus. Liberto-os da consciência pesada que sentem quando dizem não. Sentem-se livres e assim permitem também a minha liberdade. O encontro entre Jesus ressuscitado e Maria Madalena (Jo 1,18) indica o quanto a delimitação cria relacionamentos. Maria Madalena levanta-se cedo, ansiosa para visitar o túmulo. Procura por aquele que a sua alma ama. Deseja ver e tocar Jesus por mais uma vez, mesmo ele estando morto. Mas o túmulo se encontra vazio. Diz três vezes que tiraram o Senhor do túmulo e ninguém sabe para onde o levaram. Na terceira vez diz ao suposto jardineiro: "Senhor, se tu o levaste, dize-me onde o puseste, e eu o buscarei" (Jo 20,15). Acredita que pode tomar o corpo para si e colocá-lo em suas mãos. Nesse momento Jesus a chama pelo nome: "Maria!" Ela se vira e diz a ele em hebraico: "Raboni!" (20,16). Os dois se tornam um neste breve diálogo. O amor lampeja entre os dois. Ela gostaria de segurar esse amor. Abraça Jesus. Este, no entanto, diz: "Deixa de me tocar, porque ainda não subi ao Pai" (20,17). Jesus estabelece limites. Não permite que o segurem. Essa delimitação, porém, não destrói o relacionamento, possibilita, antes, um relacionamento em um outro nível. Sempre existe algo de inacessível no outro. Podemos delimitar descansadamente aquilo que há de mais interno em nós, aquele espaço interno do silêncio, ao qual o outro não tem acesso. Maria Madalena sente que Jesus se dirige a ela com amor.

Houve um encontro e ela experimentou uma nova qualidade de relação. Isso a faz se sentir feliz e livre. Ela pode abrir mão de Jesus, pois a palavra de amor, que ela ouviu, é mais forte do que o não que se encontra envolvido na delimitação de espaço. O não da delimitação aprofunda o amor.

Os perigos do amor

Não é nada incomum amigos ou casais relatarem que a proximidade excessiva não é benéfica. Necessitam sempre também distanciar-se. Precisam delimitar o seu espaço diante do outro, abdicar do outro, para que tenham novamente vontade de se aproximar dele. Nos relacionamentos onde os casais se encontram demasiadamente próximos a agressividade aumenta frequentemente. Acreditam não se compreenderem o suficiente. Exigem estar sempre repletos de amor quando se encontram. Não reconhecem que a agressividade é um indício da necessidade de se criar o seu próprio espaço. Estão demasiadamente presos ao ideal de um amor constantemente presente. Existe ainda outro perigo no amor fora o excesso de proximidade. Trata-se de usar o outro a meu favor. Nesse caso o psicoterapeuta Hans Jellouschek fala de uma "ampliação do eu". Não percebo a individualidade do outro, a sua qualidade de ser um totalmente outro. Percebo-o apenas à medida que ele me ajuda no meu processo de autoconhecimento. Desejo aumentar o meu eu através do outro.

Jellouschek detecta nesse tipo de postura também uma das razões para o fracasso dos casamentos. O parceiro quer absorver o outro e desconsidera aquilo que há de inacessível nele. Existe no outro um espaço ao qual eu não tenho acesso. Em um segundo momento o encontro entre Jesus e Maria Madalena poderia revelar-nos o seguinte: Existe no outro um segredo, que transcende a mim e a ele. O relacionamento pode ter êxito somente quando considero esse segredo. Caso necessite do outro para me autorrealizar, decepciono-me constantemente. Hans Jellouschek opõe algo diferente à tendência de usar o parceiro a meu favor. Trata-se da capacidade de entrega. Atualmente muitos temem entregar-se por acreditarem que isso significa desistir de si. A entrega, enquanto forma de ultrapassar o meu limite, é a precondição para que eu me relacione mais profundamente com o outro e me torne um com ele.

A nossa experiência com o aconselhamento de casais indica ainda um outro caminho para o sucesso do relacionamento. Jellouschek diz que o casal precisa desenvolver um equilíbrio entre o eu e o nós, a autonomia e o vínculo, o ato de doar e tomar. Quem deseja fazer tudo sozinho, delimita o seu espaço de tal maneira que impede o surgimento do âmbito do nós, âmbito este imprescindível para o relacionamento a dois. Os atos de doar e de tomar também devem estar equilibrados em um relacionamento. Aquele que apenas doa acaba se sentindo usado em algum momento. E aquele que toma se torna cada vez mais passivo e sem imaginação. Apenas quando os dois doam e tomam surge uma forma de convivência que não restringe e sim fertiliza.

Peter Schellenbaum fala sobre o "não no amor", sobre a "agressividade entre amantes". A relação saudável e viva necessita também da agressividade, enquanto força que delimita e cria ao mesmo tempo. Quando defendo os meus limites de forma saudável, o outro sabe com quem está lidando. Irá respeitar os meus limites e se sentirá levado a sério quando se tratar dos seus. Os parceiros convivem bem apenas quando definem claramente tais questões. Podem, assim, ir ao encontro do outro, dissolvendo por vezes os seus limites com amor no intuito de se fundir com o outro. Depois, no entanto, reestabelecem os limites, para que a comunicação se torne possível.

Sobre a coragem de ter clareza

Em seu livro *Dei ouvidos ao silêncio*, Henri Nouwen conta de uma estadia de vários meses no monastério trapista Gennessee. Relata as conversas que teve com o abade deste monastério. Nessas conversas, Nouwen procura por uma solução para a questão de como delimitar melhor o seu espaço em casa e no trabalho. O abade o aconselha a fixar claramente alguns horários para si, horários que pertencem apenas a ele e a Deus. Acredita, além disso, que estes horários claros esclarecerão também as relações com os seus amigos. Caso ele se decida a manter horários fixos para a meditação os seus amigos irão apoiá-lo: "Iria descobrir rapidamente que todos aqueles que se identificam com este estilo de vida gostariam de fazer parte dele. Em outras palavras: um estilo de vida claro, manifesto e bem delimitado me daria oportunidade de estabelecer relacionamentos melhores com as pessoas. Seria fornecido um critério para que eu pudesse decidir com quem fixar relacionamentos de confiança mais intensos e com quem não".

Quando outro sabe que não estou acessível, pois estou meditando, ele vai respeitar o meu limite e me telefonará com a consciência tranquila nos momentos em que sabe que estou verdadeiramente disponível. Limites criam clareza e desse modo liberdade.

O que Henri Nouwen relata sobre a relação com seus amigos aplica-se também à convivência familiar. Não raro ouvimos falar de pessoas que sentem medo da festa de Natal e das exigências emocionais que esta envolve. Muitos fogem, viajando para o estrangeiro para evitar os feriados em família. A razão para a resistência contra a festa de Natal em família reside na exigência de que precisamos estar sempre juntos. Esses dias de dezembro envolvem grandes expectativas. Precisamos fazer tudo juntos: comer, brincar, ir à missa. Não é de se admirar que nos tornamos agressivos quando ficamos assim "um grudado no outro". Necessito de espaço para que possa desfrutar da convivência familiar. A convivência excessiva não faz bem. Uma estudante relatou que sua mãe ficava zangada quando ela desejava sair um pouco para passear sozinha. A mãe interpretava isso como uma desistência da vida familiar. Mas quando a filha permanecia com a família, não lhe davam muita atenção. O que interessava era que todos estavam juntos. Esse tipo de obrigação é a morte para uma convivência mais autêntica.

"Não me segure!"

Um amor que amarra, restringe o outro e sufoca gradativamente o amor. O amor necessita da postura que encontramos nas palavras de Jesus "Não me segure!" Quando alguém se sente agarrado, tentará soltar e libertar-se a qualquer preço. Ou então se afastará cada vez mais do amor do outro. O amor necessita de proximidade e distância para que permaneça vivo. Não basta apenas nos fundir com o outro, e sim, precisamos simultaneamente delimitar o nosso espaço. Precisamos nos tornar sensíveis para a profunda inacessibilidade do outro e reconhecer o segredo de seu ser. Somente assim o amor respira, permanece lar e não se transforma em prisão.

Uma jovem mulher relatou que sentia o seu casamento como um cárcere. Quando deseja sair sozinha, o marido quer saber o que ela vai fazer. Ele sente muito ciúme e deseja controlar os seus pensamentos e ações. Parece temer que ela pense e aja de forma mais autônoma, conquistando assim uma liberdade sobre a qual ele não possui poder. Uma outra mulher relata que seu marido exige saber tudo o que acontece em suas sessões de terapia. Aparentemente ele teme que ela fale de alguma coisa dele ou sobre ele. O homem não lhe concede nem a privacidade de uma terapia. Esse tipo de prisão não costuma resistir por muito tempo. O relacionamento se tornará um inferno, um dos dois terá que se libertar radicalmente ou então se retrairá do casamento através de alguma doença. Caso os envolvidos desejem evitar tal desfecho, terão que recriar o relacionamento, para que a confiança e a liberdade possam reconquistar o seu espaço.

14

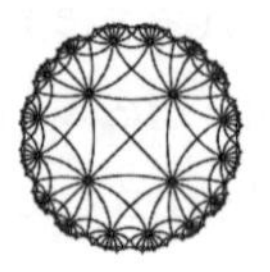

Ultrapassar limites

Sobre desafio e coragem

Um modelo de liberdade interna

Os limites nunca são absolutos. Em um contexto mais positivo, eles podem tornar-se um desafio. Mais uma vez o exemplo de Jesus nos mostra do que se trata. Em sua vida Jesus ultrapassa repetidamente limites. Lucas o descreve como o caminhante divino, que desce dos céus para a terra no intuito de caminhar como nós, humanos, e nos recordar do cerne divino. O seu nascimento já está marcado pela transgressão de limites. Assim que Maria engravida, ela deixa a sua casa, ultrapassa as montanhas e vai ao encontro de Isabel. Maria e José precisam deixar a sua pátria para se inscrever nas listas de impostos em Belém. Jesus nasce durante a viagem. A fuga o conduz ao Egito. E durante toda sua vida ele será um andarilho, que ultrapassará sempre limites sociais e religiosos. Os limites que conduzem aos samaritanos rejeitados pelos judeus, aos pecadores e publicanos e aos pagãos. E por fim ele irá ultrapassar o limite da morte e caminhar para a vida ilimitada da ressurreição.

Podemos observar constantemente que Jesus não permite que os seus caminhos sejam determinados pelo meio externo e nem pelo alerta dos fariseus: "Sai, e retira-te daqui, porque Herodes quer matar-te" (Lc 13,31). Jesus não permite que Herodes, o rei inimigo, lhe imponha limites. Percorre o seu próprio caminho e segue a sua missão. Desse modo responde aos fariseus: "Ide e dizei a essa raposa: Eis que vou expulsando demônios e fazendo curas, hoje e amanhã, e no terceiro dia serei consumado. Importa, contudo, caminhar hoje, amanhã e no dia seguinte; porque não convém que morra um profeta fora de Jerusalém" (13,31-32). Jesus não permite que Herodes determine o que ele deva fazer. Ele o chama de raposa. A raposa é esperta e astuta, mas diante do leão poderoso ela se torna um animal sem significado. Mais adiante, os apóstolos denominam Jesus o leão de Judá. Ele não permite que a raposa determine os seus limites. O leão mesmo estabelece os limites dentro dos quais deseja atuar. Dessa forma, Jesus aponta que Herodes se infla com o seu poder, tecendo as mais diversas intrigas. Mas, em última instância, ele não possui poder. Jesus atua o tempo que deseja no território de Herodes. Irá concluir a sua obra em Jerusalém – à medida que ele morre para a humanidade. Este fim, porém, não foi determinado por pessoas e sim por Deus. Trata-se de um limite interno que ele sente e que ele respeita voluntariamente.

Jesus também recebe a visita de outras pessoas durante a sua andança. Estas se fascinam com o seu carisma e sua liberdade interna. Desejam segui-lo. Um homem diz a ele: "Seguir-te-ei para onde quer que fores" (9,57). Jesus porém afirma que isso envolve certas condições: "As raposas têm tocas, e as aves do céu têm ninhos; mas o filho do homem não tem onde reclinar a cabeça" (Lc 9,58). Muitos desejam empenhar-se na vida; não consideram, no entanto, a existência de certas condições. Desejam permanecer para sempre no ninho, dentro dos limites estreitos, onde se sentem acolhidos. Sentem medo de ampliar os seus limites. Jamais se movimentam, pois se autodelimitam em excesso. Não descobrem o potencial neles existente, pois temem ter que deixar o ninho conhecido, o espaço tão bem definido por seus limites. Quem deseja seguir Jesus precisa debruçar-se para fora da janela e sentir o vento. Precisa deixar a própria casa e partir para terras estrangeiras, para o desconhecido. Não sabe se será capaz de lidar com esses novos espaços e como e onde se sentirá acolhido. Porém, quem evita o desconhecido, jamais se apossará de sua própria força. Irá experimentar apenas a força que lhe é familiar. Sua vida permanecerá estéril. Quem atua apenas de acordo com as regras jamais será feliz. A sua vida é confortável, porém tediosa. Falta-lhe a tensão. Faz parte do ser humano libertar-se da estreiteza e medir as suas próprias forças. Perder também faz parte, pois quem luta se fere.

Atividade bloqueada

A psicóloga Margrit Erni indica que pessoas que costumam subestimar-se muitas vezes procuram por atividades "que em circunstâncias normais estariam abaixo de seu nível moral. A atividade bloqueada pode acarretar consequências psíquicas negativas. O limite torna-se aqui uma circunscrição perigosa, que não apenas inibe, mas também envenena". Necessitamos do desafio de realizar algo para que possamos viver de forma saudável. Quem evita esse desafio, para se instalar no ninho do bem-estar, jamais evoluirá. Logo logo irá se perceber amargo e internamente envenenado. Abraham Maslow indica que algumas pessoas se esquivam de seu potencial de crescimento. Segundo Erni, Maslow concebe essa "diminuição das próprias expectativas, o medo de se exaurir totalmente, a automutilação voluntária, a suposta ignorância, a falsa modéstia, nada mais do que medo do grandioso". Estas pessoas não confiam na vocação que receberam de Deus. Diminuem-se artificialmente. Sentem medo de ultrapassar o seu limite e dessa forma acabam se mutilando. Uma canção religiosa moderna diz: "Levo para diante de ti os meus limites estritos, minha visão estreita. Amplie-a. Senhor, seja misericordioso". Que Deus arrombe os nossos limites estreitos e os amplie. Limites estreitos são sinais de medo e falta de liberdade interna. Um coração amplo, que para São Bento constitui o sinal da verdadeira espiritualidade, desfaz essa estreiteza. Quem segue um caminho espiritual, precisa deixar a sua autodelimitação estreita e o seu medo para trás e ousar caminhar para a amplidão de Deus.

Vida não vivida

Conheço o meu limite apenas quando o ultrapasso. A vida de quem jamais sente coragem de ultrapassar o próprio limite atrofia. Erich Fried escreveu um poema que ilustra com imagens drásticas a vida de um homem que teme ser sobrecarregado e por isso jamais permite que alguém lhe exija qualquer coisa. Por fim ele sofre em função de sua vida não vivida.

A vida não vivida
Também acaba
Quem sabe, mais devagar
Tal como uma bateria
De uma lanterna
Jamais utilizada
Mas isso não ajuda muito:
Quando
(supostamente)
Desejamos acender
Essa lâmpada
Após anos
Não há nenhum hausto de luz
E quando a abrirás
Acharás somente os seus ossos
E se acaso tiveres azar
Estarão corroídos
Sendo assim
Poderias muito bem
Ter irradiado luz.

Procurou-me um jovem rapaz. Abandonou o segundo grau no segundo ano. Abandonou o curso técnico de eletricista após meio ano. Persistiu no curso de jardinagem durante um ano. Depois também ficou insatisfeito. Sua mãe sempre retirava todos os obstáculos de seu caminho. Ele retornava ao ninho da mãe quando precisava enfrentar dificuldades na escola ou nos cursos técnicos. Lá ele encontra o calor familiar, porém também a estreiteza que o impede a realizar a sua vida. Precisa deixar essa estreiteza para seguir adiante. Quando perguntei que profissão ele escolheria, respondeu que gostaria tornar-se telejornalista de esporte. Porém, não fez nenhum esforço além de uma carta, que jamais foi respondida. Fantasiava outros mundos a partir do ninho da mãe e desejava esquivar-se nestes. Estes mundos, no entanto, eram feitos de ilusão. Não doíam. Quando lhe disse que o cotidiano da televisão era tão áspero como o trabalho de jardinagem, divagava sobre o grande prazer de fazer reportagens sobre futebol ou esportes de corrida. Parece-me, todavia, bastante improvável justo ele conseguir o trabalho dos sonhos de muitos. Jamais o conquistará se continuar no ninho materno, ao invés de ir à luta para ultrapassar os limites que ele mesmo se impôs.

Algumas pessoas sentem medo de deixar o ninho, pois também já foram deixadas. Uma mulher, que vivenciou o divórcio dos pais de modo marcante, relata que a sua mãe a segura com as seguintes palavras: “Se você me deixar, eu morro". Sendo assim, ela continua vivendo com a mãe, apesar de já estar com 33 anos. Vivencia essa limitação de forma dolorosa, mas receia perder a mãe, pois seus pais se divorciaram quando ainda era criança. O pai simplesmente partiu. Teme profundamente sentir-se abandonada caso decida deixar a mãe. Sendo assim, prefere continuar no ninho, apesar da falta de espaço a fazer sofrer. Uma pessoa desse tipo precisa primeiro vivenciar uma força interna. Essa força simboliza o lar interno, a partir do qual ela pode deixar o "lar" externo que apenas a sufoca.

Deixar o ninho materno é especialmente difícil. A separação do pai, no entanto, também se configura como exigência. Novamente podemos nos basear na Bíblia. O Mestre disse a um homem que não queria segui-lo sem antes retornarem a sua casa e enterrar o pai: "Deixa os mortos sepultarem os seus próprios mortos; tu, porém, vai e anuncia o reino de Deus" (Lc 9,60). O jovem homem queria seguir o seu próprio caminho. Desejava, no entanto, esperar a morte do pai e a regularização da herança. Quem, porém, aguarda o pai morrer, jamais encontrará seu próprio caminho. Olhará sempre para o pai e para as expectativas deste.

Confiar na voz interna

Em que medida o meu caminho pessoal de vida pode ser livre? Mais uma vez encontramos uma história a esse respeito no Novo Testamento. Um homem aproxima-se de Jesus e diz: "Desejo seguir-te, Senhor. Mas permita que eu me despeça de minha família". Jesus, contudo, lhe respondeu: "Ninguém que põe a mão no arado e olha para trás é apto para o reino de Deus" (Lc 9,61). Encontramos essa palavra de Jesus apenas no Evangelho de Lucas. O Profeta Eliseu recebe a permissão de seu mestre Elias de despedir-se primeiro de sua família. Jesus, no entanto, nega esse pedido. A sua resposta não se afasta tanto da concepção da filosofia grega. Lucas traduz as palavras de Jesus segundo o contexto grego de sua época. Muitos desejam seguir o seu próprio caminho. Querem ultrapassar os limites de sua casa paterna. Esse passo deve ser aceito pela família. Mas quando todos estão de acordo com o meu caminho, este deixa de ser o meu caminho pessoal. Jesus nos encoraja a seguirmos o caminho que consideramos certo, mesmo quando a família e os amigos não compreendem esse caminho. Seguir Jesus significa seguir a voz interna, a voz de Deus que me indica o meu caminho pessoal. Reconheço a voz de Deus a partir do meu estado interno de harmonia. Quando tomo uma decisão e sinto paz, vivacidade e liberdade, posso confiar que é a voz de Deus que provoca tal decisão em mim. Esta voz é mais importante do que a da família. Preciso seguir a minha voz interna, mesmo quando as pessoas a minha volta desejam impedir-me de seguir o meu caminho. Não necessito do aplauso dos outros. A harmonia interna basta para que eu siga o meu caminho de modo determinado.

Crescer mediante os nossos objetivos

Jesus faz uso de uma imagem no intuito de expressar de que modo devemos seguir o nosso caminho: Quem lavra a terra não deve voltar-se para olhar para os sulcos que cavou. Caso contrário, os sulcos lavrados tornar-se-iam tortos. É preciso olhar para frente, sem se certificar o tempo inteiro se tudo está de modo correto. Jesus nos encoraja a não julgarmos a nós mesmos constantemente segundo o passado e as vivências passadas de limite. Devemos, sim, prosseguir com coragem.

Quem ara não sabe o quanto a sua força dura. Mas não deve parar de arar. Enquanto tivermos clareza em relação aos nossos objetivos, teremos força para seguirmos com o nosso trabalho. Os objetivos ativam os nossos potenciais. Friedrich Schiller expressa isso muito bem: "O homem cresce mediante seu objetivo". Naturalmente essa imagem de olhar para frente não deve ser absoluta. Além disso preciso avaliar as minhas próprias forças. Se, no entanto, olho apenas para trás, para a força que um dia possuí, jamais perceberei a força que ainda tenho. A força cresce mediante o objetivo. Quem busca um objetivo, e se locomove em sua direção, perceberá que é capaz. Irá ultrapassar os seus limites até então, para assim se defrontar com novos limites. Deve se dar por satisfeito com estes, até que sinta o impulso de ultrapassá-los novamente. Reconheço o meu limite apenas à medida que o ultrapasso. Quem jamais alcança os seus limites e se move um pouco para além deles, não vai longe. Alguma hora o eterno cuidado com o próprio bem-estar torna-se tedioso. Quem ultrapassa os seus limites sente-se melhor.

Durante o aconselhamento nos deparamos com cada vez mais pessoas que se recolhem para dentro de seus próprios limites. Temem perdê-los, pois vivem em uma sociedade ilimitada. Esse medo é justificado. No entanto, torna-se estreita a vida de quem é determinado por esse medo. Falta-lhe o desafio da vida. Esse tipo de pessoa raramente sente entusiasmo. Teme perder algo caso ponha-se a caminho, ultrapassando os seus limites, engajando-se por exemplo em algum projeto. Desse modo a sua vida torna-se estéril. Prefere queixar-se sobre a sua vida não vivida ao invés de tomar coragem para partir rumo à amplidão da vida.

Ao ser preso pela gestapo e diante da ameaça de ser executado pelos nazistas o jesuíta Alfred Delp escreveu em uma folha de papel a seguinte frase: "O homem obtém a liberdade apenas quando ultrapassa os seus próprios limites". Na prisão, Delp vivenciou um tipo de liberdade interna, que não podia ser tirada dele, nem mesmo através da morte. Durante as primeiras noites de prisão, Delp quase desistiu de si, pois eram insuportáveis as dores da tortura. Após alguns dias de reclusão ultrapassou, no entanto, os limites de seu medo diante da dor. Obteve assim um tipo de liberdade que chegou a impressionar os seus algozes. Ele se inseriu na amplidão divina no meio da grande limitação que o circundava. Escreveu as seguintes palavras, com as mãos atadas, aos seus amigos livres: “Precisamos armar as velas no vento infinito. Apenas assim nos conscientizamos da viagem que somos capaz”.

15

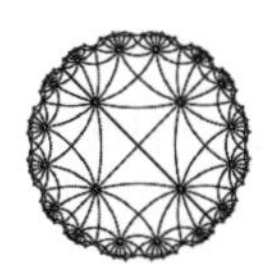

Ele proporciona paz aos seus limites

Sobre as condições de uma convivência próspera

Uma promessa

Um conto de fada chinês ilustra uma promessa e um sonho de paz: "Quando a guerra entre dois povos vizinhos se tornou inevitável, os generais inimigos enviaram espiões no sentido de descobrir qual era a melhor maneira de invadir o país vizinho. Ao retornar, os emissários relatam de modo parecido aos seus superiores que existe apenas um lugar na fronteira a partir do qual era possível dominar o país do outro. Lá, porém, vive um pequeno camponês, em uma pequena casa, com sua bela mulher. Amam-se e se dizem as pessoas mais felizes do mundo. Têm um filho. Caso penetrarmos no país inimigo através das terras dos dois, iremos destruir a sua felicidade. Sendo assim não pode ter guerra. Os generais tiveram que reconhecer tal fato e não houve guerra. Qualquer pessoa compreenderá tal fato.

Na fronteira vive um casal feliz e piedoso com o seu filho, por isso ela não pode ser ultrapassada. Esta é uma bela imagem para a paz. Paz esta que Deus promete para os nossos limites. Isso, no entanto, nos parece pouco real, pois os tiranos desse mundo e os poderosos economistas jamais se preocuparão com a felicidade de um camponês e de sua mulher. Dão prioridade a seus próprios interesses. E mesmo assim os poderosos intuem que não podem simplesmente destruir a felicidade. Em todas as fronteiras do mundo encontramos pessoas que não desejam nada mais do que conviver em paz e ser felizes. Cada violação de limite destrói a felicidade alheia. Quando os poderosos se sensibilizarem com a felicidade das pessoas pequenas, a promessa divina, de estabelecer paz para as nossas fronteiras, será transformada em realidade.

Na Bíblia encontramos imagens belíssimas sobre a paz que Deus não apenas promete, mas também doa para os limites do ser humano. Ao cantar os salmos, sensibilizo-me repetidamente com os versos do Salmo 147, 12-14; "Louva, ó Jerusalém, ao Senhor; louva, ó Sião, ao teu Deus. Porque ele fortalece as trancas das tuas portas; abençoa aos teus filhos dentro de ti. Ele é quem estabelece a paz nas tuas fronteiras; quem do mais fino trigo te farta". Esse salmo nos apresenta a imagem de uma cidade pacífica, com portões seguros, que impedem as invasões inimigas. As pessoas se sentem abençoadas e protegidas. Participam da plenitude da vida, com a qual Deus as presenteia e podem usufruir do trigo, com que Deus as alimenta.

Demarcações de limite no âmbito religioso e político

Podemos interpretar os versos do Salmo 147 segundo um viés político e psicológico. A partir de um ponto de vista político, ele aponta para a importância dos povos respeitarem as suas fronteiras e as dos povos vizinhos. As guerras sempre estão associadas à violação de limites. Um povo deseja ampliar as suas fronteiras à custa de outros povos. Isso conduz à batalha. Quando os outros povos se tornarem mais fortes, irão revidar ampliando as suas fronteiras em grande escala. A paz exige limites claros e o reconhecimento mútuo destes. Não foi à toa que a Antiguidade conferiu um caráter sagrado aos limites.

Os israelitas não se preocupavam apenas com os limites políticos, e sim, igualmente com a demarcação dos limites do âmbito religioso. Demarcação esta que ocorria principalmente em terras estrangeiras. Na época de Jesus os judeus se encontravam espalhados por todo o mundo, estabeleciam, porém, limites em relação aos costumes das pessoas ao seu redor. Seguiam as suas leis, as prescrições alimentares, a circuncisão. À medida que os judeus estabeleceram limites no âmbito religioso, o seu grupo tornou-se mais coeso e eles mantiveram a sua identidade mesmo quando se encontravam em terras estrangeiras. Atualmente corremos o perigo de desistir cada vez mais de nossa identidade religiosa. Adaptamo-nos às condições sociais e nos falta coragem para delimitar o nosso espaço de modo saudável. Delimitar não significa excluir. Quem cria guetos intensifica a agressividade de seu entorno. Quem, porém, dilui os limites perde força e clareza. Esquecerá dentro de pouco tempo quem realmente é e que raízes o sustentam.

Parcerias – limites internos e externos

O que se aplica ao âmbito político é também de suma importância para as relações pessoais. Preciso respeitar os meus limites e os dos outros tanto no casamento, quanto na comunidade e no trabalho. Conforme mencionei anteriormente, muitos casamentos fracassam, pois os parceiros ultrapassam os limites uns dos outros, querem saber tudo a respeito do outro, o controlam e invadem constantemente. O êxito de um relacionamento íntimo depende justamente da maneira como lidamos com os nossos limites e os do outro. Isso se aplica principalmente à fase do apaixonamento. A psicoterapeuta Margrit Erni atenta para o seguinte perigo: "A fascinação do primeiro amor não admite limites, considera alcançar o impossível, exige, sobrecarrega e quebra". Acreditamos poder vencer todas as diferenças. Mas logo logo percebemos que não casamos apenas com o parceiro ou a parceira e sim com toda a sua família e seu contexto sociocultural. Consideramos a diferença de idade insignificante, mas em algum momento percebemos o quão velho ou jovem é o nosso parceiro e que existe um abismo interno entre nós, justamente por não querermos admitir as diferenças.

No casamento os parceiros descobrem que o destino lhes reserva alguns limites. Todos nós recebemos algo através da educação, do qual não é possível simplesmente desfazer-se. Durante a convivência percebemos que as reações que temos diante do comportamento do outro são determinadas pelas experiências que tivemos com o nosso pai e a nossa mãe. Reconhecer tal fato constitui um processo doloroso e somente quem obtém consciência a respeito dessa determinação será capaz de se reconciliar com ela e ultrapassá-la gradativamente. O terapeuta Jürgen Willi, que se dedicou intensamente à questão do êxito da relação a dois, afirma que o casamento terá sucesso apenas quando os parceiros estabelecerem limites tanto em nível interno como externo. Primeiramente, o casal terá que delimitar externamente o seu espaço diante da família de origem. "É nítido que o parceiro tem prioridade em relação aos pais e irmãos. Famílias neuróticas, no entanto, tentam segurar o filho e a filha através das mais diversas manobras e não os libertam." A nova família precisa criar um espaço protegido, onde pode vivenciar a paz. Uma família coesa irá abrir a sua casa para os outros com prazer. Os pais também devem delimitar o seu espaço perante os filhos. Não devem revelar qualquer tensão aos filhos, pois estes não podem ser envolvidos nos conflitos matrimoniais. Seria nocivo usar o filho enquanto conselheiro ou aliado ao qual se revela tudo sobre o parceiro complicado. Esse tipo de violação de limite sobrecarrega a criança e pode acarretar consequências fatais.

Segundo Erni, a delimitação em nível interno do casal é igualmente importante. "A relação simbiótica carece de uma delimitação interna saudável. Desejamos ser um só, perder-nos no outro e desabrochar através dele. Esse ideal romântico de harmonia necessita de um muro de proteção especialmente forte, pois o idílio, que se vive como único, não deve ser incomodado por influências externas." A proximidade excessiva, a necessidade de fusão com o outro, impede-nos de sermos nós mesmos. Não podemos nos fundir com o outro sem negar a nossa identidade. Hans Jellouschek fala de uma reivindicação total em relação ao outro. Quando estamos apaixonados temos a impressão de nos bastar. Não necessitamos de outros amigos. Estamos completamente felizes. Mas quando esse estado é mantido, o casamento sai prejudicado. Jellouschek suspeita que a razão dessa reivindicação total em relação ao parceiro se deve ao fato das relações interpessoais, tanto na profissão como na sociedade, se tornarem cada vez mais objetivas. Desse modo "os seres humanos permanecem famintos e sedentos de afeto e proteção, fato este que certamente influenciará a vida conjugal do casal. A necessidade de uma relação mais autêntica acaba sendo direcionada àquele único parceiro.

Espera-se dele que preencha à noite aquele vazio que se formou durante o dia".

As condições para um bom trabalho em conjunto

A situação das empresas torna-se problemática quando os chefes de departamento transgridem limites, interferindo constantemente no âmbito dos outros. Ao invés de cuidar de seus próprios problemas, metem-se nas dificuldades alheias. O desenvolvimento saudável do trabalho, porém, exige a manutenção dos limites. Aborreço-me quando alguém intervém o tempo inteiro no meu âmbito de trabalho, ou, quem sabe, ainda resolve tarefas que pertencem ao meu departamento. Isso causa atritos desnecessários. Torna-se necessária uma delimitação clara para que todos possam trabalhar com prazer e eficiência. O trabalho em conjunto exige uma boa cooperação. Isso, no entanto, exige abrirmos as fronteiras diante dos outros departamentos da empresa. Em algumas empresas cada departamento constrói o seu próprio reino e este o protege diante dos outros. Esse tipo de limite muitas vezes se estabelece em função de medo e de uma necessidade exagerada de poder. É quase impossível trabalhar com pessoas dessa espécie, pois interessam-se apenas pelo seu próprio reino. É necessário tanto a delimitação clara quanto a permeabilidade dos limites. São estas as condições para um trabalho em conjunto tranquilo e frutífero.

16

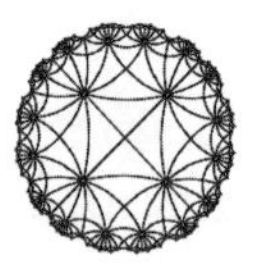

Ela não considerou os seus limites

Sobre meios que evitam o esgotamento e exaustão

Os riscos da sobrestima

Corremos certos riscos quando nos sobrestimamos de forma irreal. Por vezes o desejo de poder nos cega, constituindo assim um perigo. No livro das Lamentações um israelense piedoso expressa a sua dor a respeito do declínio da cidade de Jerusalém no ano 586 a.C. Relata que a cidade pecou gravemente, tornando-se assim repugnante para todas as pessoas. A razão de seu comportamento equivocado era: "Não considerou o seu limite, por isso foi espantosamente abatida; não há quem a console" (Lm 1,9). Por não perceber o seu próprio limite, afundou-se na poeira. Israel sobrestimou a sua própria força. Relacionou-se de forma duvidosa com impérios estrangeiros, acreditando que poderia manter o seu poder desse modo. Os reis, porém, eram cegos para o contexto político mundial. Fecharam os olhos diante de sua própria insignificância e limitação, o que conduziu ao declínio da cidade e ao cativeiro babilônico. Jerusalém não foi apenas espantosamente abatida, também não há quem a console. As pessoas em seu entorno consideram que ela mesma é responsável pelo seu declínio.

O que se descreve em termos históricos em relação à cidade de Jerusalém aplica-se também à situação atual. Aplica-se à sociedade, mas também aos indivíduos. Pessoas que não respeitam os seus limites acabam se sobrecarregando. Constroem uma torre para a qual não possuem meios. Mesmo Jesus já nos alertou a não iniciarmos um lar, uma vida, que não corresponda a nossa própria psique: "Pois qual de vós, querendo edificar uma torre, não se senta primeiro a calcular as despesas, para ver se tem com que a acabar? Para não acontecer que, depois de haver posto os alicerces, e não a podendo acabar, todos os que a virem comecem a zombar dele, dizendo: Este homem começou a edificar e não pode acabar" (Lc 14,28-30). Quem não aceita suas próprias limitações irá se deparar com o escárnio e a malícia daqueles que percebem o fato de ele se sobrestimar. Não raro, ouvirá comentários como: "Ele sempre andou de nariz empinado. Se acha mais esperto do que os outros". Pessoas que constroem uma imagem demasiadamente poderosa de si, acabam construindo um lar, uma vida para a qual não possuem meios no que tange a sua inteligência, força de vontade e possibilidades psíquicas. Um caso bastante frequente é quando alguém avança na carreira de uma forma que não se amolda as suas capacidades. Não irá admitir que determinadas tarefas excedam as suas capacidades e pretende estar muito seguro de si. Consome a sua energia para manter a fachada de uma pessoa altiva. Por detrás dessa fachada, porém, encontra-se um eu pequeno e amedrontado. Por não querer se expor, este pequeno eu não desiste da fachada. Mas alguma hora o castelo de cartas desmorona. E aquele que se apresentava de forma tão segura não encontrará compaixão, e sim, apenas escárnio. Aplica-se a ele o que diz a lamentação: "Não há quem o console".

Um modo realista de se autoavaliar

Para que minha vida tenha êxito terei que reconhecer, aceitar e amar a minha limitação. Posso e devo tentar aumentar os limites, mas não a qualquer preço. Conforme Erni, existem limites físicos e anímicos que "quando desrespeitados conduzem à autodestruição". Caso me sobrecarregue constantemente, irei transgredir em algum momento o limite que me conduz à doença.

Uma razão pela qual por vezes nos sobrecarregamos é a mania de nos compararmos aos outros. Não intuo os meus limites, pois exijo que eu trabalhe tanto quanto o meu vizinho ou que eu ganhe tanto dinheiro como os meus amigos. Quem vive desse modo por anos a fio, quem vive para além de seus limites em função de motivações dessa espécie, prejudica a si mesmo. O seu corpo e sua alma irão se rebelar, forçando-o a se deter.

Psicólogos conhecem o fenômeno da descompensação psíquica. Trata-se de pessoas que não consideraram o seu limite emocional e psíquico. Permitiram a aproximação excessiva de outros ou então não se deram conta de sua sobrecarga. Continuaram a trabalhar cada vez mais, sem respeitar o seu limite psíquico. Sendo assim tornaram-se incapazes de perceber-se dentro de suas limitações. Estranham o fato de seu corpo reagir de modo brusco e se recusam a considerar os sinais deste. Mas de repente não conseguem mais dormir, não conseguem mais desligar. Possuem a impressão de o mundo estar parado, extinguindo-se. Não possuem mais domínio sobre sua psique. A falta de medida faz adoecer. Podemos evitar tais doenças, quando olhamos para as nossas possibilidades de forma realista.

A Síndrome de Burnout: dois antídotos

Hoje em dia falamos na Síndrome de Burnout, que pode ser observada principalmente no caso de pessoas que trabalham no âmbito social: professores, diretores espirituais, médicos ou enfermeiros e psicólogos. Apenas quem está em chamas pode apagar-se. Pessoas socialmente engajadas muitas vezes possuem ideais elevados. Desejam dedicar-se totalmente ao outro. Não raro, porém, este ideal os torna cegos para as suas próprias necessidades. Doam-se constantemente, mas mal recebem algo em troca. De início sentem prazer em se dedicar aos outros. Quando, no entanto, o seu investimento não é pago suficientemente bem, quando se sentem usados, tornam-se amargos, cínicos e irônicos. De repente tornam-se duros, não apenas em relação a si mesmos e sim também com aqueles aos quais a princípio desejavam ajudar. O seu idealismo se desfez. Restam apenas a decepção e o sentimento de ter sido usado.

Existem dois antídotos para esse tipo de "calcinação". O primeiro antídoto se refere aos fatores externos. Preciso reconhecer a medida a partir da qual posso doar-me. Preciso sentir os sinais do meu corpo quando tudo se torna excessivo e quando fico literalmente sem recursos. Necessito da capacidade de me delimitar. Preciso aprender a reservar alguns horários livres, sagrados para mim. Tenho que delimitar a medida do meu trabalho. Preciso saber o quanto posso exigir de mim. Naturalmente às vezes posso ultrapassar o meu limite, pois o reconheço apenas a medida que vou além dele. Mas não posso viver durante muito tempo para além de minhas condições, ferindo constantemente o meu limite.

O segundo antídoto se refere a minha postura interna. Quem se doa ao outro por estar carente de atenção, exaure-se rapidamente. O sentimento de esgotamento é sinal de que não estamos vivendo de acordo com a nossa força interna, e sim, alimentamo-nos de fontes obscuras. Em todos nós brota uma fonte do Espírito Santo, que nos refresca e que renova as nossas energias. Muitas vezes, porém, alimentamo-nos da fonte do perfeccionismo ou da ambição, da fonte de nossa própria carência ou da fonte de padrões de vida doentios. Quando me doo apenas para que enfim alguém me perceba, torno-me insensível em relação aos meus limites. Por não considerar o meu limite, apenas me esgoto. O relato de uma mulher enfatiza tal fato. Ela limpou e enfeitou a casa toda. Desejava que o marido enfim tomasse consciência de seu bom gosto e de como ela cuida bem dele e da família. O marido, contudo, nada percebeu quando retornou do trabalho, fato este que a decepcionou muito. Ela exauriu-se em função do marido, queria enfim ser vista e valorizada. Independentemente da falta de cuidado do marido, aplica-se o seguinte a esta mulher: Quando me doo em função da minha necessidade de afeto, não consigo mais sentir a mim mesmo, nem o meu limite. Perdendo-me de mim mesmo, escapa-me também a medida do meu limite.

A serenidade interna como objetivo

Muitas pessoas desconsideram o seu limite anos a fio. Alguma hora seu corpo se rebela e adoece. A alma, por sua vez, revolta-se diante do fato de ser constantemente sobrecarregada. Reage a partir de uma doença psíquica, como a depressão ou, em casos extremos, com um surto psicótico. Ou então a pessoa torna-se agressiva. Passa a lutar contra os outros, ao invés de se esgotar em função deles. Sua alma desiste de se preocupar com os outros e ao invés disso torna-se egoísta e gira em torno das próprias necessidades. Seria importante encontrar exatamente nesse tipo de situação a medida certa. Esta, porém, só é encontrada por aquele que entra em contato consigo mesmo.

A oração e a meditação seriam um caminho para tal. Durante a meditação a minha própria respiração me conduz à fonte interna, à fonte do Espírito Santo. Quando alimento-me dessa fonte as coisas brotam de mim. Quando o meu trabalho me der prazer, não me esgoto tão facilmente. Talvez eu sinta cansaço, mas é um cansaço bom. Tenho a sensação de ter realizado algo. O sentimento de esgotamento e exaustão difere disso, pois me confere o sentimento de vazio e insatisfação. Esse tipo de cansaço me paralisa. Apesar de estar esgotado não consigo dormir.

É, portanto, de suma importância que eu siga a minha alma e o meu corpo. Estarei sentindo insatisfação, esgotamento, exaustão, dureza e amargura? Esse tipo de sentimentos são sintomas reveladores e sinal de que estou me alimentando de fontes obscuras.

Preciso considerar tanto aspectos internos como externos para que eu encontre a minha medida e o meu limite. Não basta que eu siga limites externos, quando a postura interna se rebela contra mim. Ao me alimentar de uma fonte obscura, eu me imponho limites rígidos, não encontro, porém, a minha paz interna. Mesmo assim, sinto-me esgotado e sobrecarregado. A serenidade interna é necessária. São Bento exige que o zelador realize o seu trabalho com serenidade *aequo animo*. Preciso estar em contato com a minha fonte interna para que alcance este equilíbrio interno. Quando o meu trabalho emana dessa fonte, não irei desconsiderar os meus limites. Mas também não preciso estabelecer os meus limites de modo amedrontado. O equilíbrio interno indica que estou atuando dentro dos meus limites. A partir do momento que surgirem sentimentos como dureza, insatisfação ou o sentimento de estar sendo usado, perceberei que não estou mais em harmonia com os meus limites internos e externos. Chegou o momento de assumir uma postura mais consciente.

17

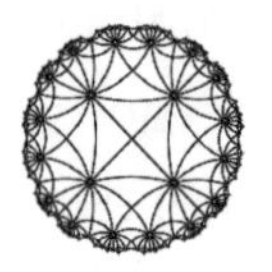

Infringir as ordens

Sobre a face dupla da transgressão de leis

Sobre o "cercado das leis"

Leis e proibições fazem parte da vida, assim como o ato de ultrapassar ou desconsiderá-las constantemente. O Profeta Isaías (24,5) constata resignado: "Na verdade a terra está contaminada debaixo dos seus habitantes; porquanto transgridem as leis, mudam os estatutos e quebram o pacto eterno". A história da humanidade revela que os seres humanos também transgridem constantemente as ordens divinas. Já no paraíso, Deus proibiu que Adão e Eva comessem da árvore que se encontrava no centro do jardim. Adão e Eva desobedeceram. Infringir uma ordem equivale a ultrapassar um limite. Nenhum ser humano vive sem jamais ter transgredido o limite das leis. Parece que o ser humano necessita de leis e ordens, que funcionam como um cercado que limita a sua vida e ao mesmo tempo lhe transmite segurança. Simultaneamente, porém, o ser humano vivencia "o cercado das leis" como demasiadamente estreito. Deseja ultrapassá-lo. Não raro a curiosidade o incita a escalar, a passar por cima da cerca e descobrir o que lhe aguarda do outro lado.

A lição da "Protegida de Maria"

Esta temática surge nos diversos contos de fadas, como no conto da Protegida de Maria. Um pobre lenhador não tinha mais como alimentar a sua filha. Sendo assim ele a entrega a Maria, a mãe celestial. Esta leva a criança ao paraíso, onde a trata com mimo. Ela se sente bem ao lado da mãe bondosa. Ao completar 14 anos, Maria viaja. Por isso entrega à menina as chaves para as 13 portas do reino celestial. Ela tem permissão de abrir 12 portas, a décima terceira porta, no entanto, não pode ser destrancada em hipótese alguma. Por trás de cada porta, encontra-se um apóstolo envolto em brilho. A menina, no entanto, não sossega até abrir a 13ª porta. Os anjos a alertam, mas ela não consegue resistir à curiosidade. Encontra por trás dessa porta a Santíssima Trindade envolta por fogo e brilho. A menina fica admirada e toca o brilho com o dedo. O dedo fica dourado. A menina fica aterrorizada, o seu coração quase explode. Ao retornar de sua viagem, Maria exige as 13 chaves de volta. Percebe então o dedo dourado. Maria pergunta três vezes se a menina abriu a 13ª porta. Esta, todavia, o nega todas as vezes. Desse modo é expulsa do céu. De início vive no meio da selva. Um jovem príncipe encontra a então jovem mulher e casa com ela. Mas ela não sabe falar. Dá à luz três filhos. A cada nascimento, a Virgem Maria aparece e pergunta se ela abriu a porta proibida. Ela continua negando. Por conseguinte Maria toma a criança e a leva para o céu. As pessoas em volta do rei julgam que a rainha seja uma bruxa, que engole os próprios filhos e a condenam à morte na fogueira. Quando a fogueira começa a tomar corpo, ela grita: "Sim, eu o fiz". O céu se abre imediatamente, Maria vem ao seu encontro, apaga a fogueira e lhe devolve os três filhos.

Parece que a menina precisava abrir a 13ª porta. A filha precisa transgredir as ordens da mãe. Necessita fazer as suas próprias experiências. Isso a conduz a terras estrangeiras, mas é onde ela acaba encontrando a si mesma. Primeiramente a sua vida se torna uma grande mentira. Ela entra em apuros cada vez maiores até que ela pronuncie a mentira de sua vida. Eugen Drewermann interpreta o conto como o desenvolvimento de uma jovem mulher que vive sob os poderes da mãe. Necessita libertar-se desse poder e descobrir a sua sexualidade. Precisa seguir o seu anseio de conhecer os segredos do amor, que abrem o céu. A transgressão do limite faz com que ela se confronte primeiramente consigo mesma e a conduz ao sofrimento profundo. Ela se encontra no ermo, rodeada por uma floresta de espinhos. Anseia por amor. Ninguém, contudo, consegue ultrapassar o limite que construiu em volta de si. Quando, enfim, um príncipe desfaz a floresta de espinhos com a sua espada e vê a jovem e bela mulher pela qual se apaixona, ela não consegue falar. Tornou-se muda, incapaz de falar sobre aquilo que vivenciou como uma infração das leis paternas internalizadas por ela. Parece que precisou optar por esse caminho para que a sua vida desse certo.

O filho ou a filha necessitam infringir as ordens dos pais para se desenvolverem. Apenas assim poderão fazer as suas próprias experiências. A transgressão das ordens paternas envolve igualmente muitos perigos. Um desses perigos, presente também no conto em questão, é a mentira que envolve a vida por inteira. Por um lado desejamos continuar uma boa criança. Por outro, percebemos que já não estamos mais sob o poder da mãe. Receamos, no entanto, assumir essa nova concepção de vida. Tememos ferir os pais ou ser rejeitados por estes. A Protegida de Maria se sente capaz de abrir mão da mentira que perpassa toda a sua vida e de assumir aquilo que fez apenas em último momento, quando se encontra em um perigo devastador. Sente a sua vida recomeçando. A mãe nem é tão rígida assim, como fantasiava. Deseja apenas que a filha assuma as suas atitudes. A verdade a liberta. A moral desse conto parece ser a seguinte: Não é tão grave assim transgredir uma lei. É pior não acreditar no perdão e passar a vida inteira vivendo uma mentira existencial.

Barba Azul

No conto de fada *Barba Azul* encontramos uma temática similar daquela tratada na história da *Protegida de Maria*. Um moleiro possui três belas filhas. Um senhor aparentemente nobre as presenteia com três lenços maravilhosos. Pouco tempo depois, aparece no moinho e pede para se casar com uma das três filhas. A mais velha concorda. Vive agora em um rico castelo. Seu marido, porém, é um salteador. Ele lhe mostra o castelo. Ela pode entrar em todas as salas, só não naquela com a porta de ferro. Quando o cavaleiro parte com os seus companheiros para roubar, entrega a sua esposa as chaves de todo o castelo, inclusive a da porta de ferro. Além disso, dá-lhe um ovo colorido que ela deve carregar sempre consigo. Acontece o que já foi previsto. Após a partida de seu marido, a mulher destranca a porta de ferro. Assusta-se ao encontrar vários corpos. O ovo lhe escapa e cai no chão, no meio de uma poça de sangue. Ela não consegue limpar o ovo. Ao retornar o cavaleiro percebe imediatamente que ela abriu a porta e faz com que ela seja decapitada por dois homens. O mesmo sucede com a segunda filha. A terceira é mais esperta. Guarda o ovo por debaixo da colcha de sua cama e coloca as cabeças de suas duas irmãs dentro de uma mala. Quando o seu marido retorna, pede que ele a acompanhe para a casa de seus pais. Leva consigo a mala com as cabeças de suas irmãs. Manda servir uma bela refeição em sua casa. Por último serve as cabeças de suas irmãs. O seu marido se assusta e pretende fugir, é preso, no entanto, por guardas armados e entregue à justiça. Os seus companheiros salteadores procuram assaltar o moinho à noite. Uma criada corajosa decapita a todos, um por um.

Neste conto, a mulher precisa infringir as leis de seu marido para libertar-se internamente e de sua tirania. Para tal, o lado violento do homem precisa ser revelado. A terceira irmã é auxiliada por um sonho, confiando assim em sua força e inteligência. Desse modo, ela supera a prisão à qual seu marido a confinou. Caso não tivesse desconsiderado a proibição, teria passado o resto de seus dias presa à concepção de vida do marido.

A história de Barba Azul nos revela uma questão existencial, abordada também em outro contexto, por Peter Schellenbaum. Este afirma que, não raro, o cônjuge teme afastar-se da influência da pessoa amada, pois receia a solidão. Este medo seria expresso segundo o seguinte raciocínio: "Se me afasto do poder que você possui sobre mim, caso me liberte de modo rebelde de sua influência mágica, se deixar de me comportar como o seu marionete, você se desinteressará e deixará de me amar". Peter Schellenbaum considera necessário aprendermos o não no amor, caso contrário, o relacionamento se torna tedioso ou passamos, como periga acontecer nas relações simbióticas, a cultivar ódio e ressentimento contra o outro. Apenas quando os dois parceiros aceitam a estranheza do outro, tornam-se capazes de amar-se mutuamente. Caso passem o tempo inteiro grudados um no outro, a violência reprimida se acumula, impossibilitando em algum momento a convivência. Segundo Schellenbaum, é necessário que as expectativas do outro sejam ultrapassadas, mesmo que ele não compreenda isso, mesmo que eu o confronte com o estranho. "A consciência do estranho cria a condição anímica para o amor. É esta a razão pela qual o amor morre rapidamente asfixiado em vários casamentos. Esgota-se o seu oxigênio de liberdade, autonomia, incerteza e solidão."

Errar o alvo – encontrar o alvo

A Bíblia fala sobre a temática de ultrapassar e transgredir preceitos. Em latim se fala em *transgredior*, o que significa ir para além do limite, saltar por cima de um limite. Encontramos o mesmo sentido no seguinte salmo: "ele é um escudo para todos os que nele confiam" (Sl 18,30)[2]. Desse modo o salmista expressa a sua confiança no fato de Deus lhe prestar auxílio para que possa saltar por cima dos muros inimigos e obter a vitória sobre estes. Por vezes, o ato de transgredir preceitos tem um efeito libertador. Por outro lado, poderá me conduzir a um beco sem saída, onde permanecerei preso. Não posso demorar-me em um espaço proibido. Permanecendo fiel à linguagem simbólica dos contos de fada, tal atitude seria mortal para a Protegida de Maria e para a mulher do Barba Azul. Parece-me, todavia, que o ser

---

2. A versão alemã deste salmo expressa tal ideia de modo diverso: "Com ti transponho muros" [N.T.].

humano precisa estar livre para ir além dos limites dos preceitos, pois assim poderá sentir de acordo com a própria experiência qual o limite adequado para ele. Trata-se, pois, de uma questão séria: O limite que compreendo como mandamento divino realmente corresponde à vontade de Deus ou será apenas expressão de minha rígida educação? Trata-se de um preceito do superego ou de um mandamento de Deus? Para descobrir tal fato, preciso, por vezes, transgredir o limite. O que é decisivo é a possibilidade de falar sobre as minhas transgressões de limite e assumi-las. Somente assim não se tornarão uma mentira que perpassa a minha vida, não me emudecem internamente (como no conto da Protegida de Maria), nem me conduzem à impotência (como no conto do Barba Azul).

C.G. Jung acredita que apenas uma pessoa altamente ingênua e inconsciente poderá "imaginar-se capaz de escapar do pecado". Mesmo quando Jung, assim como São Paulo, não deseja incitar-nos ao pecado, parece não existir a possibilidade de escaparmos totalmente deste. O pecado original, como descrito na Bíblia, é frequentemente interpretado como um processo de conscientização. O ser humano ultrapassa um preceito divino, ao mesmo tempo, porém, os seus olhos se abrem. Reconhece a diferença entre bem e mal. Torna-se adulto. Não podemos permanecer no paraíso do colo materno, onde tudo se encontra indiferenciado, é apenas um. Devemos seguir os preceitos divinos, pois estes são como um guia.

Por outro lado, não devemos nos recriminar quando ultrapassamos os marcos dos preceitos. Em grego pecar significa "*hamartanein* = errar o alvo". Através do pecado eu erro o alvo. Não atinjo o certo. Mas isto parece necessário para que possa encontrar novamente o alvo. Deve-se levar a sério o pecado enquanto forma de errar o alvo. Quando compreendermos o pecado desse modo, ele não irá pesar-nos por toda uma vida. Pelo contrário, será compensado pelo amor divino que perdoa e nos faz sentir aceitos com todas as nossas tentativas e nossos enganos. Sentimo-nos conduzidos pelo pulso firme de Deus, até encontrarmos o nosso alvo.

18

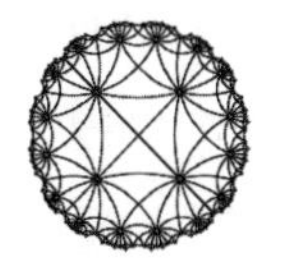

Paz ilimitada

Sobre o grande anseio e as lutas nas trincheiras do coração

Uma ideia universal

A paz é algo universal, abrangente. Ouvimos a promissão de Isaías no Dia de Natal "porque um menino nos nasceu, um filho nos foi dado [...] seu império será grande e a paz sem fim" (Is 9,5-6). A paz ilimitada corresponde aos nossos mais profundos anseios. Ansiamos por uma paz que não se encontra ligada aos limites estreitos de nossa psique pessoal nem às fronteiras de nosso país. A paz deveria ultrapassar todos os limites e valer para o mundo todo. Lucas descreveu o nascimento de Jesus como a chegada do verdadeiro portador da paz. A Bíblia nos apresenta um conceito de paz diverso daquele representado pelo imperador da paz Augusto. Ele impõe a paz de modo violento no reino romano. Jesus traz a paz ao mundo através da impotência de seu amor. Renuncia a meios violentos externos. Confia no amor que emana da criança inocente e que põe fim à escuridão presente no estábulo da pobreza. Quando nasce, os anjos cantam: "Glória a Deus nas maiores alturas, e paz na terra entre os homens de boa vontade" (Lc 2,14). Esta paz não está presa às fronteiras de Israel ou do reino romano. Vale para todos os seres humanos que a Deus agradam e é ilimitada por ser divina.

Os grandes lutadores da paz, como Mahatma Gandhi e Martin Luther King, jamais lutaram apenas pela paz de seu país. Seu olhar sempre se direcionou para o mundo. A paz pela qual ambicionavam valia para os seres humanos. Atualmente, observamos de modo doloroso o quanto as nações que pleiteiam a paz mundial não a alcançam, pois pensam principalmente em si e acreditam obtê-la, assim como os romanos, através da violência. A paz à qual Jesus se refere rompe e abre fronteiras. Não se trata de uma paz conquistada através da violência e sim de uma paz que se origina no coração e flui para todos os seres humanos. A paz que emana de Jesus faz parte do amor ilimitado. Paulo diz sobre o amor: "O amor jamais acaba" (1Cor 13,8). Supera os limites entre os seres humanos e povos e desconhece igualmente os limites dentro de nós.

Está em sintonia consigo mesmo

A questão seria como obter a paz que se origina no próprio coração e ultrapassa as fronteiras dos corações humanos. Retratando o nascimento de Jesus, Lucas indica que a paz divina também pode se realizar em nós. Assim como Jesus desceu do céu para a terra, nós também precisamos deixar o pedestal de nossos elevados ideais e descer para as baixadas desse mundo. A paz não pode vir de cima. Ao contrário, precisa penetrar os locais de discórdia. Em tal época, a Palestina era, assim como hoje, um país da discórdia. Os romanos ocupavam o país. O povo sentia-se oprimido. Combatentes clandestinos exercitavam constantemente atos de sabotagem. Jesus nasce no meio dessa situação. Deus ousa tornar-se indefeso e impotente na forma de criança no presépio. Não chega como o todo-poderoso e divino, e sim, através da impotência do amor. A paz precisa partir de dentro e não segundo uma fonte externa de poder. A paz se dá apenas quando estamos em sintonia com nós mesmos. Aquele que vive o momento, que abre mão de seus desejos e se entrega ao momento, estará em paz. Diz sim aquilo que é e tem.

Todos nós conhecemos o anseio de estar em paz conosco mesmos. Precisamos, no entanto, admitir que existem em nós áreas repletas de desarmonia que nos fazem sentir cindidos. Precisamos permitir que a paz penetre as áreas de nossa alma que não estão em harmonia, o caos interno, as lutas de trincheira que ocorrem em nosso coração. Quando a paz nos penetrar por completo, ela também saltará por cima das fronteiras que estabelecemos entre nós, seres humanos. As fronteiras entre pobres e ricos, as fronteiras entre judeus e gregos, homens e mulheres, velhos e jovens e as fronteiras entre as diversas culturas e religiões. Não necessitamos mais delimitar o nosso espaço diante daqueles que pensam diferente. Desejamos a eles a paz que sentimos em nossos corações.

A paz tem uma dimensão profundamente espiritual e, ao mesmo tempo, um alcance psicológico, social e político. Lucas inicia a história de Jesus com o chamado dos anjos no nascimento deste: "paz aos homens na terra". Quando Jesus entra, gloriosamente em Jerusalém pouco antes de sua morte, as pessoas o aclamam: "Bendito o Rei que vem em nome do Senhor; paz no céu, e glória nas alturas" (Lc 19,38). A paz de Deus desceu a Terra a partir do nascimento de Jesus. Ele ascende aos céus através de sua morte na cruz. Durante sua vida, Jesus trouxe a paz a todos os âmbitos da vida humana. Penetrou-os com sua paz. Conforme mencionado, Lucas considera Jesus o peregrino divino que conosco caminha, ultrapassando assim todas as fronteiras humanas. As fronteiras entre justos e pecadores, homens e mulheres, judeus e pagãos. Jesus nos presenteia com a paz, enquanto peregrino divino. Quando ele é crucificado, esta paz penetra a mais profunda aflição passível de nos acometer: a aflição da morte. Agora a paz não se limita à terra, estende-se também ao céu. Sendo assim, deve penetrar também todos os âmbitos de nossa vida. Desse modo tornar-se-á ilimitada, estendendo-se até os céus.

A paz irradia

Quando uma pessoa encontra-se repleta de paz as pessoas ao seu redor sentem tal fato. Ela irradia paz e esta ultrapassa todas as barreiras entre os seres humanos e os povos. Age tal qual uma massa fermentada, que penetra e transforma tudo a sua volta. Atualmente necessitamos de pessoas desse tipo, que não desejam apenas alcançar a paz para o seu grupo, mas querem ultrapassar as fronteiras dos povos e culturas, comunicando a todos a sua força interna. Nos dias de hoje, quando a violência eclode sob pretextos religiosos e novos conflitos entre religiões e culturas minam a paz, esse tipo de pessoa é vital para todos nós. Todos somos intimados a desenvolver tal força interna. Para nos tornarmos capazes de tal paz ilimitada, esta precisa primeiramente ultrapassar as nossas fronteiras internas. Precisa penetrar todos os âmbitos de nossa alma, mesmo aqueles que desejamos isolar e excluir por nos parecerem estranhos. Quando o estranho em nós se encontra apaziguado, passamos a irradiar uma paz que abrange igualmente o que há de estranho em nosso entorno.

A simples convivência pacífica de países vizinhos parece-nos insuficiente na idade da globalização. Todos os povos precisam conviver em paz. Atualmente, os políticos perspicazes reconhecem que carregam a responsabilidade para com a paz do mundo inteiro. Desse modo precisam interferir quando países estrangeiros entram em conflito, conflito este que pode conduzir a uma guerra civil. A preocupação acerca da estabilidade das outras regiões contribui para a paz mundial, que desconhece fronteiras. No nosso mundo interdependente não existem "ilhas isoladas da bem-aventurança".

Janne Haaland Matlary, ministra de relações exteriores na Noruega de 1997 a 2000, representa para mim o tipo de pessoa que é capaz de reconhecer tal fato. Enquanto política cristã dedicou-se constantemente à reconstrução da justiça e solidariedade nas zonas de conflito. Foi esta a sua contribuição para a paz sem fronteiras. Não é a única a agir de tal maneira. Podemos encontrar esse tipo de pessoa no mundo inteiro. Atualmente todos, os poderosos e responsáveis e especialmente os políticos cristãos, precisam ir além dos interesses de seu país, engajando-se para a paz em um mundo tão emaranhado e mutuamente dependente. Todos nós podemos participar de tal tarefa, cada um em seu lugar e de acordo com as suas possibilidades.

19

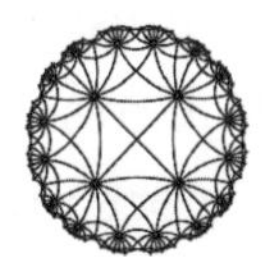

Você limitou os dias de minha vida

Sobre a verdadeira sabedoria da idade

Realizar a obra interna

A nossa vida é limitada. Jó vivenciou como Deus limitou os dias de sua vida (Jó 10,20). A Bíblia considera o reconhecimento do limite de nossos dias um sinal de sabedoria. Atualmente podemos observar que pessoas idosas não querem admitir o limite de sua idade. Não raramente realizaram grandes feitos. Mas por serem incapazes de se desvencilhar, acabam destruindo a obra de sua vida. Tal fato se aplica a políticos que não conseguem renunciar, a psicoterapeutas e também a mestres espirituais, que não conseguem sentir que o seu tempo passou. Parecem não quererem conscientizar-se do fato de que a idade também constitui um limite para as suas atuações. C.G. Jung escreve a uma pessoa que deseja visitá-lo a qualquer preço apesar de sua idade avançada: "A solidão é para mim uma fonte de poder curativo. Falar, por vezes, torna-se uma tortura e às vezes necessito permanecer em silêncio durante vários dias, para que possa recuperar-me da futilidade das palavras. Estou de partida e apenas olho para trás quando não há outra saída. Tal partida em si já representa uma grande aventura, porém não se trata de algo sobre o que se deseja falar de modo extenso. O que você imagina como uma troca intelectual seria para mim da ordem do insuportável, mesmo no caso de pessoas muito próximas. O que resta é o silêncio. Torno-me cada vez mais consciente de tal fato, a necessidade de me comunicar se esvai". Enquanto homem de idade avançada, Jung não se sentia pressionado a revelar a sua sabedoria para o mundo. Ao contrário, sentia que havia realizado a sua obra. O que permanece é a obra interna. E esta ele terá que realizar sozinho. As palavras de Jung me lembram de um velho irmão, que estava agonizando. Mandou os parentes, que o visitaram no dia de sua morte, rapidamente para casa. Desejava ficar em paz. Sentia que necessitava realizar o último passo em silêncio.

Quem perdeu na idade a sensibilidade para o limite imposto por Deus, encontra-se, apesar da idade avançada, muito necessitado de se projetar no mundo. Acredita que o mundo carece precisamente de sua palavra, que necessita transformar o mundo e preenchê-lo com a sua sabedoria. O sinal de sabedoria, porém, seria renunciar de sua suposta importância e aceitar que agora o silêncio possui mais efeito do que a repetição das frases já tantas vezes pronunciadas. A reverência diante dos feitos dos grandes e velhos homens nos impede de sermos críticos.

Renunciar e envolver-se

Encontramos duas situações na Bíblia: Sabemos de pessoas idosas que se recolhem satisfeitas. Por outro lado, encontramos pessoas idosas que necessitam comunicar algo especial precisamente na idade avançada, como no caso de Simeão e Ana. Simeão segue a inspiração do Espírito Santo, dirige-se ao templo e reconhece a partir do filho de José e Maria a luz que ilumina os pagãos. Ao acolher a criança em seus braços reza: "Agora, Senhor, despedes em paz o teu servo, segundo a tua palavra" (Lc 2,29). Percebe que a sua obra está realizada. Precisa, contudo, expressar ainda tal frase profética, apontando para aquilo que está por vir, para a felicidade que Deus oferece ao mundo através desta criança. Ana já está com 84 anos. Demora-se no templo e louva a Deus. Não se prende a sua obra, e sim, dedica-se a Deus. Une-se a Maria e José, quando estes oferecem a criança no templo e fala de modo profético sobre ela. Sente-se impelida pelo Espírito Santo a pronunciar palavras sagradas no intuito de revelar o significado dessa criança aos seres humanos. Por vezes, Deus ainda reserva uma obra especial para pessoas idosas. Parece-me, portanto, que Deus escolhe pessoas dispostas a envolverem-se inteiramente com o seu desejo. Quando estes velhos sábios se pronunciam, a sua voz se encontra livre do desejo de mudar o mundo. Trata-se muito mais de uma voz, capaz de transparecer a voz de Deus. E por vezes ela aparece apenas por um instante, no exato momento no qual Deus deseja pronunciar-se através dela.

Quando pessoas idosas aceitam o limite de sua idade, a sua vida se renova. Quem, porém, deseja trabalhar aos sessenta anos da mesma forma que aos trinta, irá se deparar constantemente com o seu limite. Um engenheiro, chefe de equipe, desejava permanecer aos 58 anos o mais rápido desta. Isso o sobrecarregou. Tinha que trabalhar horas extras e sofria de insônia. Precisou aprender a se despedir primeiramente do auge de sua vida, reconciliando-se com seus limites. Descobriu assim que aos 58 anos possuía outros dons, que ele podia transmitir segurança e confiança aos seus colegas mais jovens. Não era a sua rapidez que interessava, e sim, a sua sabedoria e experiência de vida. Esta sabedoria, contudo, aparece apenas quando as pessoas aceitam os seus limites temporais e com eles se reconciliam.

A Bíblia nos fala de Sara e Isabel, que se tornaram férteis apesar de sua idade avançada e pariram filhos. Esta também é uma bela imagem. Algo de novo deseja nascer durante a velhice, algo que já não é mais a nossa obra e sim um presente da graça de Deus. O anjo Gabriel explica no evangelho de Lucas a gravidez da mulher idosa Isabel: "Porque para Deus nada será impossível" (Lc 1,37). Quando pessoas idosas se entregam totalmente a Deus, ainda lhes pode acontecer algo de grande. O fruto que nelas nasce pode tornar-se uma bênção para muitos. Mas é sempre a obra e a bênção de

Deus que atuam quando o homem aceita o seu limite e sua impotência.

Uma lenda indiana

Existe uma bela lenda indiana sobre duas mulheres idosas. Eram consideradas um fardo e são deixadas para trás por uma tribo nômade durante uma caminhada gélida e invernal para que morram na solidão. As duas mulheres se sentem profundamente magoadas. Uma delas, no entanto, diz: "Nos queixamos e jamais estamos satisfeitas. Falamos sobre a falta de comida, como tudo era melhor antigamente quando na verdade não era assim. Achamos que somos incrivelmente velhas. E agora, depois de ter convencido os mais jovens durante anos de nosso desamparo, estes acreditam que não servimos mais para nada neste mundo". As duas mulheres não desistem. Lutam pela sua existência. Encontram coragem e vontade para sobreviverem. E de repente tornam-se as salvadoras de sua tribo. Encontram peixes e coelhos suficientes para sobreviverem. Estocam uma grande quantidade de peixes secos. A tribo que as abandonou, porém, passa por profundas necessidades. Movido pelo desespero e pela culpa, o chefe da tribo envia alguns de seus homens para que procurem as duas mulheres idosas. Por fim, as encontram em ótimo estado. De início as mulheres se comportam de um modo um tanto reservado. Estão por demais magoadas. Precisam sentir primeiramente como a tribo se posiciona em relação a elas. Os homens comprometem-se com as duas mulheres, oferecendo a sua vida como garantia. Desse modo as duas velhas se disponibilizam a fornecer alimentos à tribo. Esta, no entanto, deve viver a certa distância delas. Permitem visitas só com o passar do tempo. Forma-se, de repente, uma nova comunidade. As duas mulheres idosas não salvaram apenas a vida da tribo a partir de seus mantimentos. Através de sua vontade de persistência e de sua sabedoria possibilitaram a esta uma nova forma de se lidar com pessoas frágeis e idosas. As duas mulheres idosas, que antes se queixavam de modo plangente sobre as dificuldades de sua vida, desenvolveram forças e capacidades incríveis. Trata-se de uma bela imagem para muitas pessoas idosas, que abandonam na velhice o hábito de se queixar, descobrindo algo de novo dentro de si.

Novas qualidades

Meu antigo mestre de noviços, Padre Augusto, que para mim encarna a sabedoria da velhice, confessou-me que jamais imaginou ser tão difícil envelhecer. Olhando de fora, sempre tive a impressão de que ele teve êxito no ato de envelhecer. Mas parece que lhe custou muito esforço se recolher, aceitar e suportar pacientemente as dificuldades características da idade. Aceitar os limites da idade sempre significa também sofrer os seus efeitos. Enquanto organista, Padre Augusto sofreu com o fato de seus dedos não serem mais tão flexíveis, de não poder mais tocar do modo que desejava. Porém, após o almoço, quando julgava a igreja vazia, sentava-se diante do órgão e improvisava de tal modo que atraía pessoas e as enfeitiçava com a sua música. Sua música irradiava silêncio, lentidão, sabedoria, saudade e amor. A qualidade nova de sua música tornou-se possível quando ele aceitou os seus limites. A sua música tornou-se uma bênção para muitos ouvintes silenciosos.

O estado estabeleceu um limite claro para a aposentadoria. Precisamos encerrar o nosso trabalho aos 65 anos. Muitos se alegram com o fato de terem enfim se aposentado, usufruindo de mais tempo para si. Mas nem todos conseguem lidar bem com tal situação. Para alguns a aposentadoria constitui um verdadeiro choque. Já não se dá mais importância a eles e não têm mais nada a dizer. Um professor universitário revelou-me o quanto sofria com o fato de não ter mais uma secretária para escrever os seus discursos. Outros caem em uma espécie de depressão em função da idade ou fogem de si mesmos levando uma vida bastante agitada. No convento não nos deparamos com o limite da aposentadoria. Os irmãos mais velhos podem trabalhar pelo tempo que desejam. Isso é vantajoso, porém também encobre perigos. Alguns não conseguem abrir mão de suas tarefas. Fora ou dentro do convento: É uma arte lidar bem, isto é, de modo plácido e cuidadoso, com os limites da idade. Principalmente hoje, onde as pessoas vivem cada vez mais tempo, muitos se beneficiam aprendendo tal arte.

20

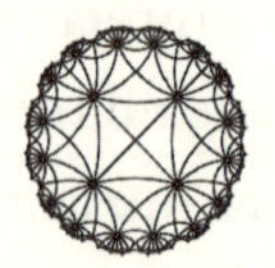

O limite da morte

Sobre a serenidade na finitude

Caminhos de fuga que nos afastam do medo

Durante a vida, o homem se depara inevitavelmente com o limite da morte. Aceitar tal limite é sinal de sabedoria humana. Reza o salmista: "Eis que mediste os meus dias a palmos; o tempo da minha vida é como que nada diante de ti. Na verdade, todo homem, por mais firme que esteja, é totalmente vaidade" (Sl 39,5). Heinrich Fries considerou o ato de morrer a forma mais extrema de vivenciar o limite. O filósofo Karl Jaspers fala sobre experiências de limite que pertencem à existência humana e com as quais precisamos nos confrontar: sofrimento, luta, culpa e morte. Apenas assim o homem transcenderá a sua vida, rumo ao "fundamento não objetivo que sustenta a existência" e à transcendência que o permite viver de modo autêntico. A vida tem êxito apenas quando se confronta com o limite da morte e não o reprime.

A partir de sua psicoterapia existencial o psicólogo americano Irwin Yalom revelou que o processo terapêutico requer que o homem se confronte com o medo da morte. Yalom critica a psicanálise de Sigmund Freud, por jamais ter se debruçado sobre esta temática. Está convencido de que o homem apenas rompe com o modelo neurótico de sua vida, quando se dedica ao assunto da morte, reconciliando-se com esta. Aponta para duas formas de o homem retrair-se do medo diante da morte e de sua própria finitude.

Primeiramente, o homem procura ser alguém especial. Imaginamo-nos especialmente talentosos e desse modo as leis e os limites que valem para todos não se aplicam a nós. Quem vive desse modo, ilude-se a seu respeito para evitar a limitação da morte.

A segunda possibilidade de fuga consiste em agarrar-se a um grande salvador. Pode se tratar do terapeuta, do parceiro ou de um guru espiritual. Glorificamos um ser humano e tentamos estar sempre ao seu redor. Acreditamos que em última instância fazemos parte de sua qualidade de superar a morte. Projetamos no Guru a expectativa de nossa própria imortalidade. Ignoramos os seus limites, as suas fraquezas e imperfeições humanas, endeusando-o ao mesmo tempo. Desse modo, porém, esquivamo-nos de um passo fundamental de nossa vida: o encontro com a nossa própria morte e limitação. Pessoas que negaram as próprias limitações à sombra de um guru sentem mais dificuldades de se reconciliar com os seus limites quando são frustradas em suas expectativas ou quando se sentem ameaçadas de abandono.

Um convite para a vida

O êxito da vida de uma pessoa depende do modo a partir do qual ela lida com o último limite de sua vida. A forma com que eu lido com o limite depende de como imagino aquilo que existe para além dele. Quem parte do pressuposto de que a morte é seguida pelo nada tenderá a reprimir o limite desta, como se o ato de morrer e a morte fossem apenas o destino dos outros. Heinrich Fries o formulou da seguinte maneira: "Podemos protestar contra o limite, rebelando-nos contra ele e perceberemos, sem exceção, que tal atitude é simplesmente vã. Forma-se assim um comportamento que considera a vida um absurdo, uma maldição carente de sentido, uma paixão inútil". A perspectiva cristã consiste em reconhecer o limite da morte, acreditando ao mesmo tempo que tal limite não existe para Deus. A fé cristã diz: Deus nos aguardará com o seu amor no limite da morte. Jesus Cristo superou este limite a partir da ressurreição. A palavra de amor que ele nos concedeu irá nos acompanhar na morte. Quem acredita em Deus enquanto o além do limite, irá perceber que as inúmeras experiências de limite, vivenciadas na terra, são um sinal da transposição de limite que ocorre na ressurreição. Para a pessoa devota a morte não representa uma fatalidade maldita, e sim, conforme afirma Heinrich Fries, "a porta que nos conduz da limitação à liberdade e que consiste na plenitude da vida que desconhece a morte".

Em seu último sermão, Jesus nos diz que se dirige à morte no intuito de preparar um lugar para nós (Jo14,2). Ultrapassa o limite da morte e vai à casa de Deus, pois deseja prepará-la para nós. Na Eucaristia os devotos celebram a transposição de limite de Jesus. Dilui-se o limite entre céu e terra, entre vida e morte e lançamos um olhar para além do limite. Este olhar para além do limite não consiste em apagar ou não admitir o limite da morte, e sim, deseja encorajar-nos a aceitar o limite de nossa morte. Podemos aceitar o limite da morte apenas quando percebemos que existe algo em nós que não pode ser restringido através desse limite. O amor é o fator ilimitado que nos habita. Gabriel Marcel definiu o amor da seguinte maneira: Amar alguém significa dizer-lhe: "você não irá morrer". O amor ultrapassa o limite da morte. Ao mesmo tempo, porém, o aceita.

O limite da morte nos convida a aceitarmos tanto a nossa limitação humana quanto a ausência de limite com o qual Deus nos presenteou. Devemos suportar tal tensão. Só assim podemos aceitar o limite da morte. Desse modo o limite da morte consiste em um convite a vivermos de forma consciente e intensa no aqui e agora, pressentindo o sabor da plenitude da vida. Não preciso depositar tudo nesse período de tempo limitado. Para muitos a limitação do tempo torna-se um motivo para sobrecarregar-se. A agitação infatigável que propagam configura-se como um protesto contra o limite que a morte estabelece para eles. Acreditam ter que desenvolver-se, realizar e vivenciar o máximo possível. Essa pressão choca-se com a aceitação de nosso limite. Quando o aceito, torno-me grato por qualquer momento e este será vivido de forma plena. Nesse breve instante, durante o qual estou inteiramente presente, participo de tudo. Nesse período limitado de tempo experimento a imensidão da eternidade. Permaneço o ser humano para o qual a morte se configura como limite. Através do limite em relação a Deus vivencio simultaneamente a dissolução divina de todo e qualquer limite.

21

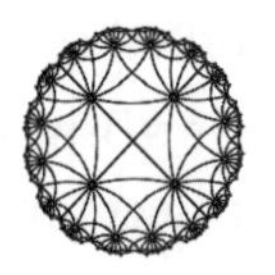

Passar da morte para a vida

Sobre uma vida plena

Vida eterna agora

A morte não se configura apenas como questão no fim da vida. Em seu evangelho, João aponta ainda para um outro tipo de limite que necessita ser superado. Não se trata da morte física, que alcança a todos no fim da vida. João refere-se, antes, às pessoas que não vivem realmente, encontrando-se assim no âmbito da morte. Para ele, vida real significa ter fé. Trata-se da passagem do âmbito da morte para a vida. Quem crê, "passou da morte para a vida" (Jo 5,24). Podemos traduzir a afirmação de João da seguinte maneira: Mudou-se da morte para a vida. Semelhante a uma mudança de casa. A morte parece com uma moradia da qual o ser humano não consegue sair. Este âmbito da morte encontra-se marcado por cegueira e superficialidade, falta de orientação e sentido, vazio e alienação. Enxergamos apenas a superfície das coisas. Satisfazemo-nos com o mundo e seus parâmetros de sucesso e reconhecimento, afeto e aprovação. Quem crê, vê o mundo tal qual ele é. Vê para além das coisas. Para João fé é a superação de um limite. Quem crê ultrapassa o visível. Percebe a essência das coisas. Enxerga-as enquanto expressão do amor criativo de Deus e reconhece em si mesmo a vida divina. Entra em contato com o seu interior. É onde encontra Deus, que a ele fala e lhe abre os olhos para o segredo do amor, que o perpassa. Ouvir e acreditar constituem os dois caminhos que conduzem o homem da alienação para a sua vida real, da falta de sentido para o sentido, da escuridão para a luz. Através dos atos de crer e ouvir, o homem passa a se compreender. Torna-se ajuizado quando ouve a palavra de Jesus e desse modo não necessita mais do juízo final. Já passou da morte para a vida. Para João a vida eterna reside aí. Aquele que crê, já carrega dentro de si a vida divina.

Para João, vida eterna não significa prioritariamente a vida após à morte. Trata-se sim de uma qualidade da vida. Uma vida que já guarda em si o eterno e o divino. Pelo fato de a morte não ter nenhum poder sobre essa vida divina, a vida eterna irá estender-se para além da morte. Não é submetida nem ao limite da morte, nem ao tempo. A vida eterna não possui "duração", trata-se da vida a cada instante, a vida plena.

Sobre o sentido dos rituais de passagem

Em todas as religiões encontramos rituais de passagem. Existem no sentido de auxiliar o ser humano a ultrapassar um determinado limite de seu processo de vida. Exercitamos nesses rituais aquilo que Jesus prometeu aos seus discípulos – através da fé realizarão a passagem da morte para a vida no momento presente de suas vidas. Limiares causam medo, pois não sabemos o que nos espera além do limiar. Os rituais superam tal medo. Eventos tais como o nascimento do ser humano, o processo de se tornar adulto, o início de sua vida conjugal, o processo de adoecer e a morte são acompanhados por importantes rituais de passagem. A cada passagem o homem ultrapassa um limite. Não se trata apenas de um limite temporal, e sim, também interno. À medida que ultrapassamos o limite temporal, penetramos em um novo âmbito. Os rituais consideram tal âmbito sempre um lugar interno. Os rituais de passagem pretendem ajudar-nos a passar de um âmbito que se tornou demasiadamente estreito para o espaço divino ilimitado. Todo ritual de passagem nos auxilia na transição do âmbito da morte para a casa da vida. Através destes rituais exercitamos o último passo da morte para a vida, passo este que nos aguarda na hora de nossa morte física. A partir da morte ultrapassamos de vez o limiar para a vida eterna, para a vida divina. Daí por diante, viveremos para sempre na casa da vida e na casa do amor.

Individuação e mística

Através de Jesus Cristo, Deus imbuiu a nossa vida humana com a vida divina. Ultrapassou a fronteira que o separava de nós humanos, e conosco se fundiu. João respondeu ao anseio de totalidade do ser humano através de seu evangelho. Atualmente reacendeu o anseio de fundir-se com Deus através da experiência mística, dissolvendo todo e qualquer limite. Corremos, no entanto, o perigo de perdermos, no meio desse espaço ilimitado, a nossa própria individualidade. C.G. Jung descreve esta fundição, esta dissolução da individualidade como um regresso para o estado de *participation mystique*, tal como o conhecemos dos povos antigos. Não existia a diferença entre sujeito e objeto. Segundo Jung, a tarefa da terapia seria dissolver a *participation mystique*, romper com a simbiose para que o ser humano possa se tornar aquilo que é. A este processo Jung chama de "individuação". Trata-se, conforme Verena Kast, de um "processo de diferenciação, cujo objetivo seria o desenvolvimento da personalidade individual". Para Jung, as fantasias de fusão representam uma regressão em direção à grande mãe, com a qual nos vinculamos de modo simbiótico. A mística cristã sempre ressaltou que, durante todo e qualquer processo de se tornar uno, o indivíduo continua permanecendo ele mesmo. Quando fala da morte do eu, refere-se ao desprendimento do ego, da renúncia de se apoderar de Deus de modo egocêntrico. A morte do eu significa entregar-se a Deus, desprender-se para que Deus possa tornar-se realidade dentro de nós. O encontro com o "Tu" de Deus exige que eu abra mão da estreiteza do meu eu para tornar-me um com o Deus totalmente outro. A unidade, contudo, não apaga a consciência da dualidade Eu-Tu. Durante o processo de tornar-se um com Deus, ocorre aquilo que Martin Buber reconheceu como o segredo do real encontro: Crio-me a partir do Tu. Encontro o meu verdadeiro ser apenas quando me liberto da estreiteza do ego, entregando-me ao "Tu" de Deus, que representa o totalmente outro.

Verena Kast considera as experiências místicas de Teresa de Ávila vivências de fusão. Isto, porém, não impediu a mesma de atuar de modo determinante neste mundo. Verena Kast liberta Teresa da acusação de ter sido "apenas simbiótica e não individuada". Considera importante percebermos a fronteira entre Deus e o homem durante a experiência mística de tornar-se um com Deus. Caso contrário ocorre uma fusão nociva e em última instância uma dissolução da personalidade. Neste caso não se trata de individuação, de tornar-se aquilo que se é e sim de autodissolução. Quando, porém, mantenho-me consciente da fronteira entre Deus e homem durante o processo de fusão com Deus, a experiência de tornar-se um significa um verdadeiro auxílio na procura do verdadeiro si-mesmo. O Concílio de Calcedônia descreveu aquilo que ocorre durante o processo de fusão com Deus a partir de uma formulação bastante neutra, no entanto, genial. O concílio fala do processo de Deus tornar-se homem através de Jesus Cristo. Jesus seria verdadeiramente Deus e verdadeiramente homem. A qualidade divina está presente na qualidade humana, as duas, porém, não se misturam. O ser humano não se dissolve em Deus e Deus não se dissolve no ser humano. O ser humano torna-se um com Deus, permanece, no entanto, ele mesmo, entregue a sua debilidade e fragilidade. Apenas assim a fusão mística não consiste na regressão, e sim na realização do processo de nos tornarmos humanos. Quando nos unimos a Deus, quando a vida divina já não pode mais ser separada daquela do ser humano, sem que as duas sejam misturadas, encontramos o nosso verdadeiro si-mesmo, tornando-nos um com a imagem original e autêntica de Deus que nos habita. A fronteira entre Deus e o homem permanece, mesmo quando os dois encontram-se unidos.

Uma relação pessoal

É precisamente o limite entre Deus e homem que se configura como a predisposição de uma relação real entre Deus e homem. Trata-se de uma relação de amor, de uma relação pessoal. Lá onde esta relação se dissolve, onde o homem se abisma em Deus tal como uma onda no mar, a culpa também desaparece. Pois não existe mais nenhuma pessoa que poderia tornar-se culpada. A culpa será apenas ilusão. Para uns, tal fato é fascinante, pois estão cansados do discurso cristão acerca do pecado e da culpa. Desejam ultrapassar os estreitos limites da culpa. Dessa forma, porém, negam-se de se tornarem conscientes e dissolvem e apagam os seus limites.

Esse tipo de mística de unidade perde de modo imperceptível a noção dos limites humanos. Quem, porém, não aceita mais os limites, os transgride e fere de fato, e não os percebe. Aquele que se sente ferido será julgado como não iluminado. Dizem que sua ferida é apenas da ordem da imaginação, pois na grande unidade não pode haver ferida. Percebi várias vezes o quanto as pessoas que falavam sobre a grande unidade não tinham sensibilidade em relação aos limites das pessoas ao seu redor. Aqueles que não participavam desse grande sentimento de unidade eram rejeitados sem nenhuma piedade. E aquele que deu origem ao ferimento, sente-se inocente. Houve um guru espiritual que disse o seguinte a uma mulher, que passou por uma infância difícil: "Você mesma é responsável por seu sofrimento. Você mesma o cria". Ela se sentiu profundamente magoada. É óbvio que existem pessoas que aumentam seu sofrimento, à medida que se agarram à ilusão de uma vida livre de sofrimentos. E existem também aquelas que aumentam a própria dor através da imaginação. Esta mulher, no entanto, realmente foi atingida de modo grave por outras pessoas. Ao invés de acolher a sua história sofrida, o guru criou para si uma teoria sobre o sofrimento, que segundo ele não é real, e sim, apenas fictício. Trata-se de uma teoria confortável e injusta, que não revela sensibilidade diante das relações humanas e fecha os olhos diante dos outros e de seu sofrimento real. A pessoa que costuma fazer a afirmação de que o grito daquele que sofre revela apenas falta de espiritualidade, esconde-se, na realidade, atrás de *um conceito de unidade*, não permitindo que o outro se aproxime.

É bastante confortável abolir a capacidade para a culpa do ser humano e banhar-se na ideia de unidade com Deus. Trata-se, porém, de um passo perigoso em direção à regressão, à inconsciência. É o contrário da individuação junguiana. A real mística de unidade, assim como Evágrio Pôntico e Mestre Eckhart a compreenderam, respeita sempre também o limite do ser humano. Os místicos cristãos não absolvem o ser humano de sua capacidade de culpa, e sim, a consideram inclusive um sinal para a dignidade do ser humano. O ser humano pode tornar-se culpado por não ter como decidir-se entre luz e trevas, vida e morte. A culpa sempre remete à qualidade do ser humano enquanto pessoa livre. A sua dignidade reside no fato de ele existir enquanto pessoa.

A última transposição de limite

Passar da morte para a vida significa, segundo João, passar de nossa existência humana, que se define de acordo com o mundo e seus critérios, para o mundo divino. Para um mundo no qual nos percebemos a partir de Deus, onde nos encontramos imbuídos no amor de Deus, incondicionalmente aceitos por Deus, prendados com vida divina. O maior limite, passível a ser ultrapassado pelo ser humano, é o limite que o separa de Deus. Quem ultrapassa tal limite encontra a vida verdadeira.

Podemos transpor tal limite, pois Deus o ultrapassou por nós à medida que se tornou humano. Não podemos, no entanto, realizar esta transposição de limite de modo consciente. Ela nos acomete. É sempre um presente e uma dádiva. Podemos apenas nos preparar através da oração e da contemplação. Podemos tentar ir além deste mundo a partir da fé. Mas de que modo nos encontramos subitamente além do limite divino, presentes no próprio Deus, não sabemos explicar. Trata-se de um milagre, fruto de sua graça. Não é o caso de uma transposição consciente, e sim, algo como ser arrastado para além de nós mesmos, um êxtase de amor, que nos acomete quando nos desprendemos de nosso ego e mergulhamos em Deus. Desse modo vivenciamos Deus, nos unimos a Ele, não misturados, nem separados.

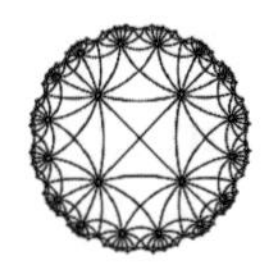

Palavras finais

Enquanto escrevemos este livro sobre o limite, sentimos repetidamente o nosso próprio limite. Sentimos inúmeras vezes o quanto é difícil delimitar o nosso espaço de modo adequado, não ser rude ou frio, e sim, manter uma boa relação com aquilo diante do qual precisamos estabelecer limites. Vivenciamos também o quanto as pessoas tentam passar por cima de nossos limites ou diluí-los. Necessita-se de muita clareza, ser consequente e ter tranquilidade interna para não se aborrecer ou desestabilizar diante de tal fato.

Durante o intercâmbio sobre as nossas experiências com limites e sobre como as diversas pessoas lidam com a temática da violação de limites, pudemos perceber a diferença entre homens e mulheres em relação a esta questão. Os homens tendem a se recolher assim que se sentem desrespeitados no que tange os seus limites. Preferem resolver tudo consigo mesmos. Refugiam-se no silêncio ou no trabalho, até que a ferida sare. As mulheres, por sua vez, sentem a necessidade de falar sobre as suas feridas. Desejam esclarecer a situação através da comunicação. Em última instância, cada pessoa, homem ou mulher, possui uma estratégia diferente de estabelecer e respeitar limites, isto é, de reagir diante de violações de limite. Remeto às palavras de Romain Rolland, mencionadas na introdução: Não devemos apenas respeitar os nossos limites e os limites alheios. Devemos amá-los. É esta uma chave para o êxito da vida, uma chave para a felicidade.

Mesmo após a elaboração deste livro, não possuímos nenhuma garantia de termos sempre sucesso quanto ao empreendimento de demarcarmos o nosso espaço. Sentimos, por exemplo, que a idade exige uma outra relação no trato com os limites. Os limites tornam-se mais estreitos. Desse modo, permanece a tarefa de descobrirmos e protegermos os nossos limites. Devemos, no entanto, desenvolver simultaneamente a sensibilidade para os limites dos outros e respeitá-los. Não devemos transformar os nossos limites em uma norma para os outros. Cada um possui o seu próprio limite e o seu modo de lidar com o mesmo. Não cabe a nós julgarmos tal fato.

Ao nos ocuparmos com a temática do limite, revelou-se para nós o quanto esta se destaca nos contos de fada e na Bíblia. O êxito da vida exige uma boa relação com os limites, fato este que se revela repetidamente nestes textos antigos. A consideração dos limites se configura como predisposição para o sucesso da relação e da fertilidade do encontro. O encontro tem êxito quando considero o meu limite e o do outro, ultrapassando-o ao mesmo tempo. O encontro vive da consideração e da transposição do limite. Quando não vou além de meu limite, enxergo o outro apenas de longe. Quando ultrapasso o meu limite e o do outro de forma apressada, não haverá encontro, e sim, apoderamento ou uma fusão precoce. O real encontro sempre se dá no limite. Vivencio o outro apenas enquanto o "tu de sua diferença", isto é, quando considero o limite. Ao mesmo tempo, porém, o real encontro sempre envolve a transposição de limites. Alguma coisa flui entre mim e o outro. A troca ocorrerá para além dos limites. Exige, no entanto, limites. Em sua ausência tudo se desfaz e não flui. Tudo se dissolve em uma grande mistura de emoções, sem contorno.

A relação entre amigos e casais terá sucesso apenas quando os parceiros encontram o equilíbrio entre proximidade e distância, demarcação de limites e transposição dos mesmos. A forma adequada de lidar com os próprios limites e os do outro é a condição para a durabilidade e vivacidade da parceria. Considerar e ultrapassar o limite sempre envolve uma situação periclitante. O excesso de limitação resseca a relação, a carência de limitação nos faz grudar no outro, fato este que paralisa a relação. Lidar bem com os limites é uma arte. Temos que nos exercitar a vida inteira na arte deste equilíbrio. Jamais podemos julgar-nos detentores desta arte. Pois a relação entre limite e transposição de limites requer constantes inovações, que dependem da idade e da condição externa e interna dos parceiros.

A relação entre homem e Deus também se baseia em uma boa relação com o limite. O ser humano anseia tornar-se um com Deus. Corre, porém, o perigo de dissolver-se nesta fusão, destruindo a sua personalidade. A fórmula clássica "sem mistura e sem separação" indica o caminho para nos tornarmos um com Deus, considerando e mantendo ao mesmo tempo o limite entre Deus e homem. Os monges antigos consideram a unidade com Deus através da oração a maior dignidade do homem. Para tornar-me um com Deus, no entanto, necessito saltar sobre os limites do meu ego estreito. Preciso distanciar-me de mim mesmo, no sentido de não me apoderar de Deus, de não espremê-lo no meu ego estreito. Ao mesmo tempo não devo dissolver-me em Deus. Caso contrário a unidade torna-se regressão, uma tentativa malsucedida de voltarmos ao colo da mãe. A real unidade ultrapassa o limite entre Deus e homem e ao mesmo tempo o preserva. Na unidade Deus continua Deus e o homem, homem. Para os antigos a aceitação do limite entre Deus e homem constitui a sabedoria do ser humano. "O temor do Senhor é o princípio do conhecimento" (Pr 1,7). Temor divino, porém, significa ser afetado por Deus, enquanto aquele que a mim se apresenta, enquanto segredo incompreensível, a partir do qual um Tu me fala no intuito de ir ao meu encontro, tornando-se um comigo.

Dessa forma a temática do limite atinge de modo central todos os âmbitos de nossa vida. O nosso trabalho, a relação conosco mesmos, nossos relacionamentos e a nossa vida espiritual. Todos estes âmbitos lidam com a questão de estabelecermos e transpormos limites. Desejamos aos leitores e às leitoras que encontrem a sua medida de estabelecer e ultrapassar limites, de respeitar os seus limites e os dos outros, para que os seus encontros e sua vida tenham cada vez mais êxito.

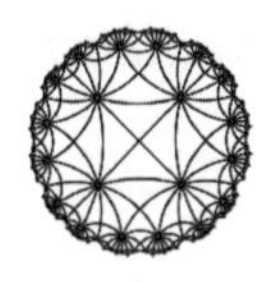

Referências

BAURIEDL, Th. *Leben in Beziehungen* – Von der Notwendigkeit, Grenzen zu finden. Friburgo: {s.e.}, 1997.

BARZ, H. (org.). *Carl G. Jung* – Grundwerk XII: Psychologie und Alchemie. Olten: {s.e.}, 1985 {Em português: Obra completa de C.G. Jung – Vol. XII: *Psicologia e alquimia*. Petrópolis: Vozes, 1991}.

DREWERMAN, E. & NEUHAUS, I. *Marienkind* – Grimms Märchen tiefenpsychologisch gedeutet. Olten: {s.e.}, 1984.

ERNI, M. *Grenzen erfahren*. Olten, 1978.

FRIES, H. Grenze, p. 568-571. In: SCHÜTZ, C. (org.). *Praktisches Lexikon der Spiritualität*. Friburgo: {s.e.}, 1992.

HAUSER, T. "Grenzerfahrungen". *Das Thema*, 20, 1977. Munique.

JELLOUSCHEK, H. *Die Kunst als Paar zu leben*. Stuttgart: [s.e.], 1992.

______. *Bis zuletzt die Liebe*: Als Paar im Schatten einer tödlichen Krankheit. Friburgo: [s.e.], 2002.

JUNG, C.G. *Briefe III*. Olten: [s.e.], 1973 [Em português: Cartas de C.G. Jung. Vol. III. Petrópolis: Vozes, 2003].

KAST, V. *Wege aus Angst und Symbiose* – Märchen psychologisch gedeutet. Munique: [s.e.], 1987.

LEYENER, T. "Grenzerfahrungen". *LThK*, 1040.

NIEHUS-JUNG, M. (org.). *Karl G. Jung* – Gesammelte Werke VI: Psychologische Typen. Olten: [s.e.], 1960 [Em português: Obra completa de C.G. Jung – Vol. VI: *Tipos psicológicos*. Petrópolis: Vozes, 1991].

NOUWEN, H.J.M. *Ich hörte auf die Stille*. Friburgo: [s.e.], 2001.

PETRI, H. *Das Drama der Vaterentbehrung*. Friburgo: [s.e.], 2002.

ROGGE, J.-U. *Kinder brauchen Grenzen*. Hamburgo: [s.e.], 1993.

SCHELLENBAUM, P. *Das Nein in der Liebe* – Abgrenzung und Hingabe in der erotischen Beziehung. Munique: [s.e.], 1986.

WALLIS, V. *Zwei alte Frauen* – Eine Legende von Verat und Tapferkeit. Munique: [s.e.], 1993.

YALOM, I.D. *Existentielle Psychotherapie*. Colônia: [s.e.], 2000.

ZIEGLER, K.H. "Grenze". *RAC*, 1095-1107.